智媒时代新媒体行业
创新创业实战教程

主　编　叶　菁

副主编　陈　琳　赵　芮

ZHEJIANG UNIVERSITY PRESS

浙江大学出版社

·杭州·

图书在版编目（CIP）数据

智媒时代新媒体行业创新创业实战教程 / 叶菁主编；
陈琳，赵芮副主编.-- 杭州：浙江大学出版社，2025.
3. -- ISBN 978-7-308-25939-2

Ⅰ. G206.2

中国国家版本馆 CIP 数据核字第 2025XB6131 号

智媒时代新媒体行业创新创业实战教程

叶 菁 主编 陈 琳 赵 芮 副主编

责任编辑	许艺涛	
责任校对	傅百荣	
封面设计	十木米	
出版发行	浙江大学出版社	
	（杭州市天目山路 148 号　邮政编码 310007）	
	（网址：http://www.zjupress.com）	
排　　版	杭州星云光电图文制作有限公司	
印　　刷	浙江临安曙光印务有限公司	
开　　本	710mm×1000mm　1/16	
印　　张	17.25	
字　　数	214 千	
版 印 次	2025 年 3 月第 1 版　2025 年 3 月第 1 次印刷	
书　　号	ISBN 978-7-308-25939-2	
定　　价	68.00 元	

资助信息

本书为浙江省社科规划"党的二十届三中全会和省委十五届五次全会精神研究阐释"专项课题"文化数字化赋能文旅深度融合的逻辑机理与实现路径研究"项目成果之一

浙江树人学院校外实践教育基地重点培育项目成果之一

浙江树人学院 AIGC 智媒产业学院成果之一

本书获浙江树人学院部校共建新闻专业建设经费资助

编委会

序

随着国家"大众创业,万众创新"的开启,以及互联互通智能时代的推进,媒体行业面临着巨大的转型时机。其中自媒体行业的兴起,在智能手机的普及和移动互联网技术的日趋成熟环境下,已经深入创业者生活的每一个角落。在智媒时代,新媒体行业不仅为创业者提供了丰富的信息获取渠道,也为内容创业者提供了无限的商机和可能性。

2022年教育部高教司提出了"四新"教育理念,在新文科领域重点强调了深化新文科建设,明确构建世界水平、中国特色文科人才培养体系的总体目标。面向6大选题领域,22个选题方向,设立了1011项新文科项目,适应经济社会需求,新增3千余个文理、文工等学科交叉融合专业点。布局关键领域人才培养,在29所高校设立70个文科类基础学科拔尖人才培养基地,加快涉外法治、国际传播、国际组织等相关人才培养。推出中国政法实务、新闻传播、经济、艺术四大讲堂,打造"中国金课",推进文科教育与社会实务紧密结合。

在创新创业的持续浪潮推动下,结合当下智能媒体时代环境,顺应高教司的文科教育和社会实务紧密结合的指导,浙江树人学院开展了系列创新实训和实践的探索，并结合 AIGC 智媒产业学院建设的契机，针对新闻传播学系的学生，设计了创新创业实训课程，旨在通过理论与实践的结合，培养学生的创新思维、创业精神和实践能力。学院不仅为学生提供了先进的实验设备和良好的学习环境，还通过校企合作、产学研结合等方式，为学生搭建了与业界沟通交流的平台，使他们能够深入了解行业动态，把握市场脉搏。

正是在这样的背景下，《智媒时代新媒体行业创新创业实战教程》应运而生。本书全面而深入地探讨创业，特别是新媒体领域的创新创业，旨在为读者提供从创业认知到实操，再到新媒体创业特色及案例分析的全链条知识体系，为广大新媒体从业者、创业者以及相关专业的学生提供一份实用的创新创业指导手册。

全书共分为四篇，层层递进。在第一篇创业认知篇中，我们首先从"大众创业，万众创新"的时代背景出发，深入解析了这一国家战略的深刻内涵，梳理了我国为推动创新创业所出台的一系列政策。接着，提出"人人都是创业者"的理念，鼓励每个人都能在创业行动中不断成长。最后，通过识别创业地图，包括时代特征、团队能力、客户群画像、创业工具和路径以及资源缺口等方面的综合评估，为读者勾勒出了一幅清晰的创业蓝图。在第二篇创业实操篇中，我们聚焦于创业过程中的关键环节。从发现商业机会、绘制商业画布，到深入进行创业环境分析，再到搭建高效团队，每一步都充满了实战智慧。此外，本书还详细讲解了创业计划书的编制要求、融资与路演技巧，以及公司注册与经营管理的必备知识，为读者提供了从创意到落地的一站式指导。第三篇新媒体创业篇则紧跟时代步伐，深入探讨了智媒时代下的新媒体创业。首先概述了智媒时代的特征，分析该时代下创新创业的特点与趋势,并指出了新媒体创新创业的广阔领域。接着,剖析了新媒体行业的发展阶段、创业环境以及潜在的创业机遇与方向。最后,以自媒体平台创业为例,为读者揭示了新媒体创业的无限可能。在第四篇案例篇中,本书紧密结合了浙江树人学院新闻传播学系学生的创新创业实训成果,精选了三个具有代表性的新媒体创业案例,包括乡村振兴背景下农产品品牌打造、亲子文旅全生态新媒体平台的创建,以及汉服文化传播的创新引擎。部分项目入选"国家级大学生创新创业训练计划项目"和"浙江省大学生科技创新活动计划(新苗人才计划)",具有一定的代表性,这些案例不仅展示了新媒体创业的多样性和创新性,更为读者提供一定的实践经验和启示。

《智媒时代新媒体行业创新创业实战教程》的编写,吸收了众多行业专家与一线创业者的理论成果与实践探索,他们的宝贵经验与深刻洞察为本书增色不少。

智能媒体在中国还处于初期发展阶段,整体技术环境、数据市场都还有巨大的发展前景,编辑组希望能在未来就智能媒体新的变化持续优化改版内容,以符合行业周期变化,并达到与时俱进的教学目的。

希望这本书能够激发读者的创新创业思维,助力大家在创业的道路上走得更远、更稳!

叶 菁

2024 年 8 月于杭州

目　录

第一篇　创业认知篇

第二篇　创业实操篇

创业认知篇

第一章　大众创业　万众创新

第一节　"大众创业，万众创新"的背景

2015年3月2日,国务院办公厅印发《关于发展众创空间推进大众创新创业的指导意见》(国办发〔2015〕9号),大力推进大众创新创业。该意见提出:到2020年,形成一批有效满足大众创新创业需求、具有较强专业化服务能力的众创空间等新型创业服务平台;培育一批天使投资人和创业投资机构,投融资渠道更加畅通;孵化培育一大批创新型小微企业,并从中成长出能够引领未来经济发展的骨干企业,形成新的产业业态和经济增长点;创业群体高度活跃,以创业促进就业,提供更多高质量就业岗位;创新创业政策体系更加健全,服务体系更加完善,全社会创新创业文化氛围更加浓厚。

从国际上看,一方面,国际经济情况不容乐观,世界经济发展放缓,国际经济形势不稳定,国际市场需求减弱,传统产品的国际竞争压力进一步增大。因此,我们必须增加国内市场需求,以促进经济稳定发展。于是,通过"大众创业,万众创新"激发国内市场需求就成为必然的选择。另一方面,国际市场需求要求增高,对产品本身的质量、技术含量和使用效能要求增高,对创新技术和创新产品的需求增加。这必然要求我们通过"大众创业,万众创新"创造出新的技术、新的产品和新的服务,从而稳定和增

加我国产品在国际市场的需求及份额。

从国内来看,一方面,经济下行压力还在加大,国内市场需求有待进一步开发,经济发展环境"硬约束"进一步加强。我们必须走集约发展、高科技含量发展、高附加值发展的道路。因此,必然要通过"大众创业,万众创新"推动经济的转型发展。另一方面,全面深化改革要深入推进,必然要通过增强经济内生动力来支撑和促动体制和机制改革。因此,我们必然通过"大众创业,万众创新"来增强全面深化改革的动力和活力,切实实施供给侧结构性改革。

第二节 "大众创业,万众创新"的内涵

"大众创业,万众创新"的目的是推动经济良性发展。2015 年的政府工作报告指出:"打造大众创业、万众创新和增加公共产品、公共服务'双引擎',推动发展调速不减势、量增质更优,实现中国经济提质增效升级。"一方面,只有通过万众创新,才能创造出更多的新技术、新产品和新市场,进而提高经济发展的质量和效益;另一方面,只有通过大众创业,进一步发展壮大市场主体,才能增加市场的动力、活力和竞争力,从而成为经济发展的内在源动力引擎。

"大众创业"与"万众创新"是相互支撑和相互促动的关系。一方面,只有大众勇敢地创业才能激发、带动和促动"万众"关注创新、思考创新和实践创新,也只有"大众"创业的市场主体才能创造更多的创新欲求、创新投入和创新探索。另一方面,只有在"万众"创新的基础上才可能有"大众"愿意创业、能够创业、创得成业。从某种意义上讲,只有包含"创新"的创业才算真正的"创业",或者说只有这种创业才有潜力和希望。①

---

① 李华凤,等.大学生创新创业教程[M].北京:电子工业出版社,2018:21-22.

第三节　我国的"大众创业，万众创新"政策

我国为激发市场活力，在"大众创业，万众创新"领域出台了很多支持性政策。

一、坚持创业带动就业

政府进一步推进双创，坚持创业带动就业，培育更多充满活力、持续稳定经营的市场主体，特别是促进重点群体多渠道创业就业，提升中小微企业吸纳就业能力。

(1)社会服务领域双创带动就业。发挥在线教育、智慧家政、远程医疗、智慧旅游、智慧农业、线上回收等社会服务领域就业潜力大、带动作用突出的优势，深化实施社会服务领域双创带动就业专项行动，进一步提升社会服务供给质量和效率，力争全年创造60万个就业机会。

(2)高校毕业生创业就业"校企行"。支持高校、企业示范基地深化实施高校毕业生创业就业"校企行"，将释放一批就业岗位、提供一批就业导师、发布一批创新创业需求、对接一批优秀创业项目、打造一批创业就业服务品牌、组织一批成果展示等"六个一批"任务落到实处，力争全年创造30万个就业机会。

(3)大中小企业融通创新。围绕保产业链供应链稳定安全，支持示范基地实施大中小企业融通创新专项行动，整合创新资源、组织创新活动、促进成果应用，力争带动2000家以上中小企业在细分领域精耕细作、搞出更多独门绝技，力争全年创造10万个就业机会。

(4)精益创业带动就业。着眼培育成长型初创企业、"隐形冠军"企业

和专精特新中小企业、专精特新"小巨人"企业,支持示范基地深化实施精益创业带动就业专项行动,构建专业化、全链条的创新创业服务体系,力争全年转化 1000 项技术,创造 10 万个就业机会。

二、营造更优双创发展生态

政府要关注研究社会和产业发展的规律和经验,顺势而为,更多采取市场化的办法,尽可能打造更优的双创发展生态。

(1)深化"放管服"改革。自 2021 年 7 月 1 日起,在全国范围内实施涉企经营许可事项全覆盖清单管理。清单之外,一律不得限制企业进入相关行业开展经营。企业登记注册后首次办理的公章刻制、申请发票和税控设备、员工参保登记、住房公积金企业缴存登记等企业开办业务纳入企业开办"一网通办"平台覆盖范围。

到 2021 年底,商标注册平均审查周期稳定在 4 个月以内,一般情形商标注册周期由 8 个月压缩至 7 个月;2021 年全年完成发明专利审结案件 135 万件,发明专利审查周期由 20 个月压缩至 18.5 个月,其中高价值专利审查周期压缩至 13.8 个月。

(2)促进更多中小企业成长壮大。构建优质企业梯度培育格局。分类制定完善遴选标准,选树"小巨人"企业、单项冠军企业、领航企业标杆三类典型标杆。

促进各类企业由小变大、由弱变强、带动提升。具体包括:引导专精特新中小企业成长为国内市场领先的"小巨人"企业;聚焦重点行业和领域引导"小巨人"等各类企业成长为国际市场领先的单项冠军企业;引导大企业集团发展为具有生态主导力、国际竞争力的领航企业。

(3)强化公正监管。严格落实公平竞争审查制度,对各类市场主体一视同仁,清理废除歧视、妨碍各类市场主体参与市场经济活动的政策和法规。深入推进反垄断、反不正当竞争执法,依法查处具有优势地位的企业为抢占市场份额恶意补贴、低价倾销等行为。整治各种乱收费、乱罚款行为。

三、强化创业创新政策激励

(1)落实好税收优惠政策。制造业企业研发费用加计扣除比例提升,将运输设备、电气机械、仪器仪表、医药、化学纤维等制造业企业纳入先进制造业企业增值税留抵退税政策范围,实行按月全额退还增量留抵税额。对自主创业、个体经营者和小微企业给予创业担保贷款及贴息政策支持。

(2)拓展双创融资渠道。加大普惠金融力度。确保银行业普惠小微贷款实现增速、户数"两增",确保五家国有大型商业银行普惠小微贷款增长。引导扩大信用贷款、首贷、中长期贷款、无还本续贷业务规模,推广随借随还贷款。鼓励社会资本以市场化方式设立创业投资引导基金。①

---

①高泽华.创新创业数字化时代的创新思维与商业模式[M].北京:清华大学出版社,2024:4-5.

第二章　人人都是创业者

第一节　所有人都是创业者

稻盛和夫先生在经营语录中曾经提到"人人都是经营者"。他认为，企业里的每个人如何思考、如何行动，决定了经营的好坏与企业的将来。在职场，在日常的生活中，企业里每个人的行为举止，都与企业息息相关。

海尔董事长张瑞敏先生在 2024 年与董宇辉的对话中，也提到了"所有人都是创业者"。他分别从中国传统的鲤鱼跃龙门和量子力学中的波粒二象性角度来解释这一中心思想。中国传统的鲤鱼跃龙门讲述的是鲤鱼经历各种挑战、困难，获得个人成长和人生的升华。鲤鱼隐喻了每个成长过程中的人，而成长是每个人不能回避的人生问题。我们需要正确看待过程中的困难和挑战。创业就是成长的过程，每个人选择成长的道路不同，创业的道路也就不同。张瑞敏先生引用量子力学中的波粒二象性，则更多地引出物理学和心理学上的同质性。人们在研究光的时候发现，光既有波的特征，也有粒子的特征。当我们用波的设备去观察光的时候，它呈现波的状态；当我们用粒子的设备去观察光的时候，它又呈现粒子的状态。光本身是波和粒子的叠加。人也是如此，怎样看待自身个体，它就会呈现怎样的样子。"法随心动"就是这个意思。

如果我们认同每个人都在社会上创造自己的价值,迎接自己的成长,那我们就认可每个人都在自己的创业赛道上,不论是什么样的状态和工作内容、方式方法,每个人都是自己的创业者。

为什么会有这么多的人提出这一观点?这与创业者常规理解的创业有什么区别?

大部分人认为的创业,是基于雇佣关系来说的。简单地说,就是创业公司老板作为创业者,其他从业人员作为雇员。其实,这样的理解是很片面的。因为人类本身是有主观意识的自由体,在由自由个体组成的人类社会中,就人类生存衍生出来的物理空间、社会空间、信息空间,以及未来可能存在的更多维度的空间来看,人是一切世界构建的出发点。这一点原则上与"我思,故我在"有异曲同工之处。

因此,每个自由个体就需要在自体存在的基础上,思考创业。这个时候的创业,不论是谋一技能,还是谋一职位,或是谋一事业,均可以理解为,是为满足自由个体的需求而必要的活动。

马克思主义认为,人类的实践活动既包括生产活动,也包括消费活动,二者统一,不可分割。人既是生产者,又是消费者。这是人在经济活动中的二重属性。而"创业"二字,拆解之后,"创"即"开创","业"即"生产"。

人类自诞生起,经历了采摘、狩猎、耕种、商业、工业、信息化,如今更是迈入数据创业时代。从认知上识别自己是创业者,对引导激发创业者个体发挥更多的主观能动性非常重要。国际上很多心理学专家都做了充分的研究和论证,并形成了"积极心理学"的主要体系,其中比较有代表性的人物是美国当代著名心理学家阿尔伯特·班杜拉(Albert Bandura,1925—2021),他是新行为主义的主要代表人物之一,社会学习理论的创始人。班杜拉在其《行为矫正原理》《社会学习理论》等著作中充分论证了这一点。东北师范大学心理研究院在网易公开课中对比做了一系列的介绍,其中"人的主观能动性——社会认知理论"可以作为积极心理学的入门参考。工商管理 MBA 智库在领导力研究上也充分吸纳了积极心理学的主要思想。

因此,意识到人人都是创业者,从内心审视自己的主观能动性和成长的无限性,将使实践和创业成果产生良好的交付质量。该认知在智能媒体内容经济时代显得尤为重要。人类作为一种高阶生命体,生命中更多的是各种因素形成的能量纠缠,但在人生的重要时刻,创业者仍然要认识到在量变带来质变的某一时刻,积极心理和消极心理总是互相拉扯,引导创业者做出行动和决策举措。

第二节　在创业行动中保持成长

英国管理大师查尔斯·汉迪于 80 岁高龄时著有一本对世界影响极大的书——《第二曲线:跨越"S 型曲线"的二次增长》。该书提到:"任何把我们拉离舒适区的事情都在提示我们,习以为常的过去可能无法保证我们美好的未来。"他认为在创业中保持持续成长,是创业者必须做到的。一切事物都逃不开"S 型曲线",唯一的变数仅仅是曲线的长度。

"S 型曲线"(Sigmoid Curve)是个数学概念,也是"盛极而后衰"的定律,可以用来说明人生、历史,乃至企业、政府的历程。想打破宿命,唯有开创第二曲线才是"持盈保泰"之道。第一曲线是指企业的发展都要经历一个从"起始期""成长期"到"成熟期""衰败期"的生命周期,其运动轨迹被称为"第一曲线"。第二曲线是为了能够实现持续发展,避免衰败。企业需要在高峰到来之前,开辟一条新道路,这条道路发展的轨迹被称为"第二曲线"(见图 1)。

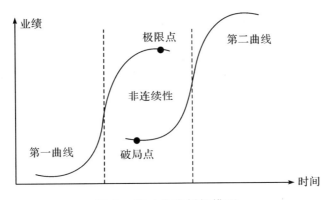

图 1　第二曲线创新模型

查尔斯·汉迪从公司组织、企业治理、市场变化到个人职业发展、社会人际关系以及未来的教育与社会价值,多维度探讨这个世界,告诉人们需要重新以不同的角度来思考问题,不能总是停留在"第一曲线"的世界中。在生活中为了向前发展,有时候彻底地改变是必要的,这意味着开辟一条与当前完全不同的新道路,这通常要求人们对熟悉的问题开拓全新的视角。

创业者必须接纳这种观点:在这个世界上所有的有机体,无论是动物、人或是由人所创造的产品,最终都难逃一个"生命周期"的自然规律,都会经历从诞生、成长、衰退到最后结束的过程。罗马帝国延续了 400年,最终还是灭亡了。虽然人类的平均寿命已延长到 70 多岁甚至更长,但也是很短暂的。而企业的生命周期则更短了,现在企业的平均寿命仅为 14 年。"历史和传统在被视作珍宝的同时,本身也成了一个牢笼。"针对如何改变"物壮则老"的规律,查尔斯提出了"第二曲线"的定义,在第一曲线到达巅峰之前就开始寻找"第二曲线",这时,可以有足够的资源承受"第二曲线"投入期"第一曲线"的下降,再进行生命的上升发展。

哈佛商学院颠覆性创新理论提出者克里斯坦森教授将第一曲线的下

滑分为五个阶段：成功之后骄傲自大，达到巅峰时无节制地好大喜功，之后否认风险的存在，然后徒劳地病急乱投医，直至最后甘于沉沦或者一命呜呼。查尔斯教授在这一理论的基础上提出，当第一曲线仍在继续的时候，改变就必须开始。

任何一条增长曲线都会滑过抛物线的顶点（增长的极限）。持续增长的秘密是在第一条曲线下滑之前开始一条新的曲线。在这时，时间、资源和动力都足以使新曲线渡过它起初的探索挣扎的过程。衰落开始出现的时候，人们总会以各种各样的方式挽救自己，但却要付出昂贵的代价，这是挽救者不愿意承担的，也会让挽救者无暇考虑新的事物。

创新的第一步是要放弃过去的成功经验，如果太习惯于自己的舒适区，形成了惯性的思维而不自觉，那么他们的命运就必然会依循生命周期的循环，由盛而衰，所不同的只是时间的长短。所有有"生命"的事情都必须遵循"迭代"规律而实现生命的延续，每一次迭代就是发展"第二曲线"，每条曲线紧密衔接，绵延不绝，生生不息，社会、组织因此得以持续发展，创新的价值就会更加明显。

课后阅读

《因为相信 所以看见》——阿里巴巴集团董事局主席马云在第二十届中国科协年会开幕式上的报告（2018年5月26日）

各位领导、各位嘉宾、各位前辈：

大家好！首先欢迎大家来到杭州，我的家乡。1999年第一届中国科协年会在杭州召开，也是在1999年阿里巴巴在杭州诞生。感恩也特别感慨科技力量发展的迅猛，没有科学、没有技术就不可能有阿里巴巴。我自己也这么觉得，阿里巴巴是充分享受了科技发展的红利。今天大会邀请一个在科技边缘享受红利，同时对科学家充满敬仰的做企业的人来讲话，我对大会的邀请充满感恩。我从来没想过当老师,是因为不想当;没想过当科学家,是因为不敢当科学家,想都不敢去想。今天,有越来越多的科学家令创业者无比敬仰,但是科学家和企业家非常相像,在中国,这两个群体是在过去100年形成的两个具有社会极大影响力的两个群体。过去,士农工商,商总排在最后,但科学家更惨,连排都排不进去。古代的科学家都是隐藏在巫医、风水师和道士里面的。从这一点来说,企业家和科学家很相像,同病相怜。创业者是因为看见而相信,只有很少一部分是因为相信而看见。我想这也是在很长时间里企业家和科学家不被理解的重大因素。创业者相信,过去100年正因为企业家和科学家两个群体的崛起,在社会各方面,在社会的进步方面出现了超乎寻常的发展。每次大的技术革命都需要50年时间,前20年是技术革命,后30年是应用革命,互联网技术也一样。未来30年不是互联网公司多么成功,而是用好互联网公司的企业多么成功。未来30年是互联网技术的应用时代,越是在快速发展的应用时代,越要注重基础科学的研究。创新是逼出来的,不是资金和任务能够堆出来或者分配出来的,资金和任务绝不可能堆出创新和科研成果。

我刚从以色列回来。以色列缺乏国内市场,也缺乏自然资源,但被逼出了独特的科学技术,搞出了研究成果。中国有强大的市场,更应该有自己独特的研究项目。而企业的利润未来一定来自技术创新,而不是技术规模。今天大家都在谈智能世界。智能世界主要有三个基础要素,即互联网、大数据、云计算。互联网,是一个生产关系,云计算是生产力,大数据是生产资料。大数据不是数据大,是计算大,是计算强,云计算加上云技术才是真正的未来。创业者对互联网,对大数据,对云计算必须进行深入的研究,不能仅仅停留在以快餐式的、浅层次的概念炒作和纯商业的应用。

　　过去,创业者把人类当成了机器,未来创业者将会把机器当作人类使用。未来不是万物像人,而是要让万物像人一样学习和思考,未来机器必须去解决人类解决不了的问题,去了解人类不能了解的问题。人类对自己要充满信心,现在大家都担心机器可能会控制人类,我认为机器永远不可能控制人类,也不可能战胜人类,因为机器只能快速计算,但人类有真爱。未来 10 到 20 年以内,有三大核心技术,整个社会将会因为这三大技术面临巨大的挑战:第一是机器智能,第二是 IOT(Internet of Things,物联网),第三是区块链。机器智能,创业者一定要相信,人类是有智慧的,动物是有本能的,机器是有智能的。我认为就人工智能而言,人类把自己看得太高,人类对自己的大脑的了解还不到 15%。创业者如何才能让机器像创业者一样思考? IOT 时代也根本没有到来,今天的 IOT 仅仅是卖硬件和卖软件的人找个理由卖得更好而已。我认为,整个区块链技术也正在发生天翻地覆的变化。区块链不是泡沫,但是比特币可能是泡沫。区块链不是金矿,区块链是打开数字金融这个金矿的巨大的工具和应用,是一个数据时代隐私和安全的解决方案。前一段时间,创业公司有工程师在征婚广告上说自己是一个工程师,结果长达四五个月没人打开他的简历,当他改成区块链技术人员以后,有 381 人给他写了爱情信。所以面对 IOT,面对区块链,面对机器智能,创业者必须有高度的、充分的认识,特别是 IOT 对制造业的冲击将远远超过大家的想象,比如电子商务对零售的冲击,很多零售行业没有做好准备。而创业者呼唤的人工智能,创业者呼唤的 IOT,创业者呼唤的区块链将对创业者的工作产生巨大影响。

　　现在创业者研究 AI,未来是 AI 为创业者研究。科学家要拥抱互联网。过去创业者创新要靠资源,未来创业者创新要靠数据。过去 200 年科技让人类学会探索外部世界,创业者相信未来 200 年人类将探索内心世界。我认为过去 200 年诞生了无数的聪明的人。但过去 200 年人类靠智慧生存，未来 200 年人类也将会以智慧生存。我觉得智慧和聪明的差异在于，聪明的人知道自己要什么，而有智慧的人知道自己不要什么。人类只有知道自己不要什么，人类只有加强对自己的研究、对自己的了解，才知道自己并不需要那么多东西。所以人类其实真正了解自己还不是太多。未来的人可能要活到 150 岁，一天可能只工作三个小时，一辈子可能要去 300 个城市。所以过去的 200 年，以制造业带动就业；在未来 200 年制造业将不带动就业，服务业将会带动巨大的制造业。

今天是科学家和企业家所处的最好时代，第三次技术革命的变革机遇、中国对全世界的担当决定了今天是企业家和科学家最有作为的年代。科学家和企业家必须完美结合。过去科学家和企业家互相看不起，科学家觉得创业者有铜臭气，创业者也觉得科学家是清高自大。其实，企业家是社会经济学中的科学家，科学家是研究领域里的企业家；科学家没有企业家是市场经济当中的瞎子，企业家没有科学家是瘸子。科学家和企业家的共同点是因为相信而看见，只有创新的精神，只有敢于担当，才能诞生企业家和科学家。是社会把资源交给创业者去运用好、利用好，创业者要学会并且习惯被怀疑、被质疑；科学家和企业家都相信未来，创业者努力让未来变成现实；科学家懂得如何正确地做事，企业家知道如何高效地做事。科学家要有企业家的敏锐，而企业家必须有科学家的严谨。如果过去 100 年中国诞生了两个了不起的群体，未来 100 年这两个了不起的群体只有完美的结合，才能让世界、让中国、让创业者后代更加持久地繁荣。所以在新时代，科技更需要新的生产关系去适应新的生产力的发展。20 世纪研发"两弹一星"，是先进的生产关系。20 世纪优秀人才并不多，主要集中在大专院校、科研院所，所以集中资金、集中人才是最好的发展方法。但是今天创新的主战场已不在大专院校、科研院所，而是在企业内部，旧的生产关系已经不能适应生产力的发展，旧的生产关系往往会出现研而不发，发而不用，用而不灵。目前，企业还是跟着院校走，未来的院校必须跟着企业走、跟着市场走。这是我个人的观点。

因为只有在竞争的第一线，只有在强大的压力下，才有可能诞生最先进的技术。企业与科研院所必须双剑合璧。这就是产学研用一体的新的生产关系。在科学界和企业界，特别是科学界，创业者要弥补的是未来的空白，而不是昨天的空白，也不是今天的风采，不是因为美国有、俄罗斯有，创业者就必须有，而是因为未来需要，创业者才去研发和探索，因为世界已经到了新的赛道上，创业者有机会弯道超车。今天很多东西美国也没有，欧洲也没有，俄罗斯也没有，创业者有机会做出自己有的东西。创业者必须解决问题，同时又有快乐、价值和利润，只有这样的研究才能持久。人类没有未来的专家，创业者对未来只是探索，同时也要相信自己，所有的专家都是昨天的，不学习谁也成不了专家，谁也当不了学者。只有相信自己，相信人类，相信孩子们，因为创业者做不到，创业者的孩子们能做到，真正的科技能做到。

谢谢。祝愿大会顺利成功。

（来源：中国科协网 https://www.sohu.com/a/233092269_507423）。

第三章　创业地图的识别

在创业逻辑里，认知即生产力，行动导向成果。认知的第一步就是构建创业地图。创业地图在人的任何阶段都是较好的通盘管理工具。创业地图的识别基本需要五个步骤：识别所处的时代（认知）、评估团队能力（能力）、绘制直接客户画像（用户）、评估创业工具和路径（方案）、反复评估过程中的资源缺口（聚焦）。

第一节　识别所处的时代

一、智能时代的到来

2017 年 9 月 29 日，习近平总书记在中共中央政治局集体学习时强调："时代在变化，社会在发展，但马克思主义基本原理依然是科学真理。尽管创业者所处的时代同马克思所处的时代相比发生了巨大而深刻的变化，但从世界社会主义 500 年的大视野来看，创业者依然处在马克思主义所指明的历史时代。这是创业者对马克思主义保持坚定信心、对社会主义保持必胜信念的科学根据。"①

"创业者依然处在马克思主义所指明的历史时代"是习近平总书记将马克思主义关于人类历史发展规律的基本原理与当今时代特征和世界发展趋势相结合所作出的重大结论。这一判断不仅完全正确,而且有着十分重大的战略意义和极强的现实意义。只有以这一重大结论为指导,才能正确认识时代性质,科学判定世界方位,从而制定出正确的对内对外路线和方略。

"智能时代"这个词语是当下民众所熟知的,并在未来可能重塑整个时代。创业者首先需要关注这个词。"智能时代"在百度词条中被定义为社会科学概念。1999 年,"互联网"概念被提出。同年,中国科学院就启动了传感网的研究,建立了一些适用的传感网。物联网不是科技狂想,而是又一场科技革命。过去在中国,"物联网"被称为"传感网"。

人们常用最具代表性的生产工具来代表一个历史时期,如人类文明的发展时代经历了石器时代、红铜时代、青铜时代、铁器时代、蒸汽时代、电气时代、原子时代等。用这种思维模式来观照 20 世纪,在 100 多年时间里,人类从"电气时代"走向"智能时代"。"智能时代"这一词语在 1999 年第一次出现,但是到 2023 年开始为更多世人所熟知。

"智能时代"的核心词语是"智能"。智能来自传感技术的发展,并通过信息技术转化为网络状态,本质上和创业者理解的早年物联网是一样的。因此"智能时代"是传感技术引领并重塑人类世界的一个重要时代。我国虽然在工业时代起步落后于欧美国家,但由于种种历史原因,在传感网领域起步相差不远。1999 年,欧美等国开始陆续提出"物联网"这个概念,同年,中国科学院就启动了传感网的研究,并取得了一些科研成果,建

---

①习近平谈治国理政:第二卷［M］.北京:外文出版社,2017:66.

立了一些适用的传感网。

2003 年,美国《技术评论》提出传感网络技术将是未来改变人们生活的十大技术之首。主要是其底层技术的本质将可以重塑社会经济形态。这个重大作用在历次重大技术变革对经济拉升的影响中和民众就业情况的改善中可见一斑。因此,各国都会在这一研发和应用领域进入国家级博弈。

因此,我们可以认为,国家之间的技术水平虽存在一定差距,但是中国与发达国家在新技术方面的起步时间上的差距正在逐步缩短。这说明,我们国家在经济稳定发展的情况下,大力发展的民众教育和战略管理是卓有成效的。这也是我们国家社会主义制度的优越性之一。智能时代是社会科学领域的技术时代。它的本质是传感技术的成熟和应用,是先进底层技术带来的时代变革。但是,仅仅停留在技术应用层面是无法真正触达技术角逐的本质的。智能时代将全面重塑整个人类社会的方方面面,这意味着将会带来新的创业和就业变革机会。这一时代将是有智能理念的新一代人的最佳时代,"重塑"将会是这个时代的主旋律。

人类在技术的加持下,已经建立了三层空间概念,即物理空间、社会空间和信息空间。在物理空间层面,人类已经在对地球本身的相对成熟探索认知下,于近现代开始进行月球和火星,乃至整个太阳系的科研活动。在社会空间层面,种族、国家、宗教信仰等维度交互产生了人文社会空间、经济社会空间、政治社会空间、军事社会空间、民生社会空间等五大板块。信息空间是指随着因特网和电子商务的迅速发展,人类正在被带入一个新的世界环境之中。信息空间是人们进行交流、活动的一个新的场所,它是全球所有通信网络、数据库和信息的融合,形成一个巨大的、相互关联的、具有不同民族和种族特点相互交流的"景观",是一个三维空间。在不久的将来,全球网络的融合将改变单个网络的特性,网络不再只是简单地作为一种人们进行交流的中介，而将创造出一个"全球网络生态"，人们能够在"全球网络生态"环境下从事各种活动。

创业的本质基本可以分为三个模块：创造业务机会、创造业务内容、创造业务关系。三者互相作用，推动整个创业活动发展。认可国家之间的差异和时代差异是选择创业项目的最重要的第一步。在创业圈有一句经典话语"时也，命也，运也"，这句话的意思是创业最基本的三要素是时代带来的机遇、创业者通过生命认知成长而识别机遇，以及各种降临到创业者身上的机遇。每个人遇到机遇的时间是不一样的，学习能力、总结能力、感知能力也有不同，在持续感知力和实力积累上，累积的经验带来的运气附加值也不同，最终带来创业的结果导向不同。

二、用户消费行为模式变迁

人工智能使媒体内容创作更加简单高效。媒体制作方面出现了美图秀秀、e 企秀、可画、剪映等专业软件，提供了 AI 辅助制作精美图片和智能化视频剪辑功能。WPS 等传统文本应用类软件也陆续开放了免费和基本会员付费的 AI 应用。这些都大大降低了使用者制作专业内容的难度，从而减少工作时间，并辅助提高了作品的精致度。

平台内容的互联网智联化加速了内容渠道的便利性。媒体内容从单一的向传统媒体付费定时刊登，转向了通过手机、电脑、平板等设备随时随地发布和检索。全球目前对智能媒体的高阶预判是，人类极有可能以主观能动性提供内容创作的源泉价值。当前的媒体也已经高度呈现了如塑形、拟生、布景、动作和前后期制作等多方面所能持续迭代的内容成果。

所有的趋势都可以在用户消费行为模式的演进过程上得以体现，如消费者行为模式演进（见图 2），消费者行为模式变迁对比（见图 3）。传统媒体时代与互联网初期,广告等行业广泛奉行的是 AIDMA 消费理论模型。该模型由美国广告学家 E. S. 刘易斯在 1898 年提出,强调以媒体为中心,当时处于媒体向用户单向传递信息的阶段。

图 2　消费者行为模式演进

资料来源:用户消费行为模型的类型与使用 https://zhuanlan. zhihu. com/p/147018660。

时代		消费者行为模式						
传统媒体/web1.0时代（媒体、网站信息单向投递给客户）	AIDMA（美国）1898	Attention 引起注意	Interest 产生兴趣	Desire 培养欲望	Memory 形成记忆	Action 促成行动		
web2.0时代（互联网与用户互动）	AISAS（日本）2005	Attention 引起注意	Interest 产生兴趣		Search 主动搜索	Action 促成行动	Share 进行分享	
web3.0时代（更通人性的互联网）	SIPS（日本）2011	Sympathize 共鸣		Identigy 确认	Participate 参与		Share/spread 共享与扩展	
	SICAS（中国）2011	Sense 互相感知	Interest/Interactive 产生兴趣/形成互动		Connect/Communicate 建立连接/互动沟通	Action 促成行动	Share 进行分享	
	ISMAS（中国）2013	Interest 产生兴趣			Search 主动搜索	Mouth 参考口碑	Action 促成行动	Share 进行分享
	ADMAS（中国）2020	Attention 引起注意	Desire 需求		Message/Mouth 信息/口碑	Alternative 选择	Share 进行分享	

图 3　消费者行为模式变迁对比

资料来源:用户消费行为模型的类型与使用 https://zhuanlan. zhihu. com/p/147018660。

在互联网 2.0 时代,即信息与人互动的时代,基于搜索和分享应用的出现,使得用户对传统媒体的聚焦转到了网络媒体上,信息的来源变得分散,用户的行为由被动变成了主动。2005 年,日本电通广告集团提出 AISAS 消费者行为分析模型,该理论针对互联网与无线应用时代消费者生活形态的变化,提出一种全新的消费者行为分析模型,强调各个环节的切入,紧扣用户体验,通过"搜索"与"分享"实现消费者间信息的传递与渗透。这一时代的内容互动虽然已经脱离了纸媒和电视媒体时代的垄断性、单一性,实现了网络内容公开化,但是在内容编审和网络分发上仍主要以单向传递作为主要价值传导路径。

在互联网 3.0 时代,即智能互联网时代,中国互联网络信息中心于2011 年提出了 SICAS 理论模型,这一模型是基于数字时代的消费模式,对传统 AIDMA 和 AISAS 模型的升级与重构。不同于单向线性的传统模型,SICAS 模型符合数字营销时代多点双向、感知连接的消费行为特点。2013 年,北京大学刘德寰教授根据移动互联时代人们生活形态的改变,提出改进模型 ISMAS,将"口碑"这一核心因素加入消费者行为模式。SICAS 提供全面、精细化消费者行为模式,ISMAS 通过"口碑"将网络与实体相互融合,弱化品牌商家主观推送信息的概念,强调消费者的需求与接纳度,并将忠实顾客与品牌忠诚度作为传播的核心。其中,经典代表为小红书的种草、淘宝等电商平台的主播直播带货、抖音快手的视频营销,以及微信视频号更加精准专业的推送。内容消费者在这一时代具备更多的主动性。在智能媒体工具的加持下,内容消费者也可以通过工具,转化个人的网络角色。

知识拓展:用户消费行为代表模式介绍

用户消费行为模型能够为企业的品牌推广、运营活动、产品设计、体验设计提供指导,有效地避免过多尝试而带来的高成本投入与浪费,帮助企业制定更加合理、有效的营销与设计方案。以下是三个阶段的四个代表模型基本介绍。

1. AIDMA

1898 年,美国广告学家 E. S. 刘易斯提出消费者从看到广告到发生购物行为之间要经历五个环节:引起注意(Attention),产生兴趣(Interest),培养欲望(Desire),形成记忆(Memory),促成行动(Action),即通过广告或其他营销手段引起消费者的注意和兴趣,进而使消费者产生购买欲望,通过反复刺激使消费者对商品信息产生记忆,形成一定的品牌认知,并在一定的刺激下实施购买行为。

在传统媒体及互联网初期,信息大量不对称,AIDMA 一直在有效地指导着广告创意和投放的营销策划,具有效果直接、见效快的特点。商家通过各类媒体投放大量广告,吸引更多的关注流量,由此为后来大量信息的失准与碎片化提供基础条件。AIDMA 注重营销效果的遍布效应、累积效应、共鸣效应,以"媒体"为核心,以"引起注意"为首要任务的传播策略,具有内容刺激性强、传播范围广、多次重复的特征。

AIDMA 模式下的广告,首先让潜在的消费者"注意"到广告信息,并使其产生"兴趣"而持续完成广告信息的接收,然后产生尝试购买或体验的"欲望"。广告词的不断重复使消费者对信息的"记忆"更加深刻,直至转化成购买行为。AIDMA 是单向的转化漏斗:集中在受众接触信息到产生行为这一直线型、单一型的效果评估。

AIDMA 的营销效果评估可以从传播效果评估、心理效果评估、销售效果评估三个维度,对应六个指标,即展现量、到达率、注意率、好感率、记忆率、行动率进行评估。其中三个指标为主动测量指标,而行动率无法拆解是否与广告有关,"我知道我的广告费浪费了一半,但是却不知道哪一半被浪费了"。

AIDMA 对一个普通受众的最终消费心路变化过程阐述得非常准确,把握了关键变化点,这是广告创意与制作的标杆。因为该理论没有具体细化到不同的商品类别,放在当下的环境,该理论更多地适合高卷入度的商品(价格高,需要小心做决策),对于低卷入度商品,消费者的决策过程往往没有那么复杂。

以下是 AIDMA 营销效果指标定义(见表 1)。

表 1 AIDMA 营销效果指标定义

指标	定义
展现量	纸媒的发行量、电视电影的收视率、网络媒体的展现时长等
到达率	(目标人数/接触到媒体广告的人数)×100%
注意率	(注意到广告的人数/接触到媒体广告的人数)×100%
好感率	(对广告内容产生正面意见的人数/注意到媒体广告的消费者人数)×100%
记忆率	(能够记住或回忆起广告重点内容的人数/对广告内容产生正面意见的人数)×100%
行动率	(购买行为的人数/能够记住或回忆起广告重点内容的人数)×100%

企业可以参考营销效果指标的定义,结合自己的业务实际情况制定评估标准。

2. AISAS

2005 年,日本电通广告集团针对互联网时代消费者生活形态的变化,率先对传统的 AIDMA 模型进行了重构,引入互联网的两个典型行为模式——搜索与分享,即当广告引起消费者的注意和兴趣后,消费者会主动对品牌和商品信息进行信息搜索,继而产生购买行为,并通过社交媒体进行消费体验分享,提出了 AISAS 模型,AISAS 模型是指:引起关注(Attention),产生兴趣(Interest),主动搜索(Search),促成行动(Action),进行分享(Share)。

在互联网 2.0 时代,消费者花在互联网的时间逐渐超过传统媒体,商家投放到互联网的广告营销费用不断上涨(中国的互联网广告年平均增长率高达 65%,远超整体广告市场的 13%)。与此同时,以传统媒体为中心的广告投放方式的 RoI(Return on Investment,投资回报率)出现了下滑,互联网已经对产业和生活产生了规模化的影响。互联网为消费者主动获取信息提供了条件,使消费者有机会从多种渠道获得详尽的专业信息,进行相对"明白"的消费。

比如,现象级短视频红人"papi 酱",2018 年在一次视频吐槽中展示自己的纪念日礼物——故宫项链,粉丝用户观看后在电商网站搜索产品信息,同时在百度搜索的相关信息高达 34000 多条。AISAS 模型强调品牌商家与用户之间的关系为互动,是双向转化漏斗,强调了消费者主动行为(搜索和分享)的重要性。

对 AISAS 的营销效果评估首次出现了对售后行为的效果评估,但是营销活动的核心驱动依然是广告。营销活动的关键词是品牌的印象、认知,对用户的行为效果评估多了点击、转化率等效果维度。销售效果的评估可以根据行业而细分定制,商家与消费者之间开始了基于链接的简单的碎片化反馈。

以下是 AISAS 营销效果指标定义(见表 2)。

表 2 AISAS 营销效果指标定义

分类	指标	定义
售前心理效果评估	广告印象	广告到达数量×平均频率
	品牌认知	能认出或说出某一互联网品牌的消费者数量/总体消费者数量

续表

分类	指标	定义
售前行为效果评估	广告点击率	被点击次数/被显示次数,即 clicks/views
	品牌关键词搜索次数	用户主动在各搜索引擎搜索商家品牌关键词的搜索次数
	品牌关键词搜索指数	商家品牌关键词在各搜索引擎的搜索次数/∑同类品牌关键词在各搜索引擎的搜索次数
	品牌相关词搜索次数	用户主动在各搜索引擎搜索商家品牌相关关键词的搜索次数
	品牌相关词搜索指数	商家品牌相关词在各搜索引擎的搜索次数/∑同类品牌相关词在各搜索引擎的搜索次数
销售效果评估	访问量	从广告引流过来的访问网站的访问次数,即 UV、PV
	下载转化率	从广告引流过来的下载次数/广告点击次数(通常用于有下载考核指标的广告投放标的物,如应用软件、APP 等)
	注册转化率	从广告引流过来的注册次数/广告点击次数(通常用于有注册考核指标的广告投放标的物,如会员制的网站、服务等)
	咨询转化率	从广告引流过来的咨询次数/广告点击次数(通常用于服务链路较长的行业,如招商加盟、医美等)
	下单转化率	从广告引流过来的下单次数/广告点击次数(通常用于电商行业)
售后行为效果评估	话题发布数量	消费者在购买商品或服务时,对购买的商品或服务感到满意或不满意时在商家的网站或论坛上,以发帖的形式进行讨论
	话题回复数量	消费者对某个消费者发布的话题给出自己的想法,含正面和负面
	产品评论数	消费者在购买商品或服务后,在详情页给出的购后评价次数
	产品转发数	消费者在购买商品或服务后,觉得达到了个人的需求,通过朋友圈或论坛等平台进行分享

3. SICAS

在互联网 3.0 时代,智能化的互联网应用为消费者行为的实时监测提供了可能性。DCCI 互联网数据中心通过技术手段对用户进行实时、连续、长期的监测后发现:用户的消费行为正在由线性的行为消费过程转变为网状、多点、双向,基于感知的连接,用户的体验分享正在成为真正意义上的消费源头。

DCCI 互联网数据中心于 2011 年提出了多维互动的 SICAS 模式:互相感知(Sense),产生兴趣 & 形成互动(Interest&Interactive),建立连接 & 互动沟通(Connect&Communicate),促成行动(Action),扩散分享(Share)。

SICAS 建立了一套开放式的营销效果评估模型,帮助品牌商家解决"我知道我的广告费浪费了一半,但是却不知道哪一半被浪费了"的问题。

品牌商家首先要基于互联网的产品形态建立全网触点,实时感知消费者行为动态来敏捷指导、评估营销决策,让品牌信息能及时出现在消费者会关心、会消费的地方,精细化销售效果评估数据精确考核 RoI,品牌商家不仅要关注消费者的分享行为,还要参与、引导消费者的分享行为。

4. ISMAS

在移动互联网时代,媒体的泛化和信息的过剩导致消费者注意力分散、消费主动性提升,越来越多的用户在进行购买决策时更多考虑用户的决策。北京大学刘德寰教授 2013 年提出了一个以用户受众为中心的传播法则 ISMAS:差异性的广告引起消费者兴趣,促发消费者主动进行信息搜集,关注产品的口碑,根据口碑信息来支撑自己的消费决策,并通过社交网络分享自己的购物体验。ISMAS 模式为:产生兴趣(Interest),主动搜索(Search),参考口碑(Mouth),促成行动(Action),扩散分享(Share)。

AIDMA 和 AISAS 都依赖的重要一环也是最难逾越的一环是"口碑"。SICAS 重视消费者分享行为的价值,认为其有可能会是消费生产力的重要来源。社交媒体时代人际关系被重塑,口碑的形成过程被搬到社交网络上进行。而更深层次的变化是,传播对象由地域/家庭组织变成了年龄/兴趣组织,这也改变了组织口碑的方式和影响范围。

(摘自@崔玲美 原创发布于人人都是产品经理,https://baijiahao.baidu.com/s? id=16690239144885892098&wfr=spider&for=pc)

第二节　评估团队能力

有技术的加持,个人能力将更加突出,但资源分配越来越精细,使得一个人无法全盘在行业内实现纯粹个人价值,并独立完成有价值的成果交付,因此团队搭建和团队能力评估会比以往任何时候更加重要。

团队搭建可以来自现实团队,也可以来自网络的虚拟团队。专业的网络社群加速了虚拟团队搭建的活跃度和可行性,现实的人际关系也增强了虚拟团队的亲密度管理。团队在不同阶段需要的能力是不一样的。由于网络端的存在形态具有散射状,人与人的链接仍然不可避免地需要现实团队中的核心团队概念。其主要的原因在于,人的精力和能量是一个逐步成长的扩容过程,且有一定的瓶颈限制。这一限制出现在每个成长期,并贯穿于人的一生。人的学习能力不仅仅局限在专业技能知识领域,更多地存在于学习能力与管理学习的能力上,最终形成不同的成长结果。

公司整体项目销售交付,是一个大整体作战成果的过程,因此,团队合作除了常见的专业性等素养,经常出现的瓶颈是团队之间的合作间隙和每个单体产出不足。合作间隙包括拒绝合作、恶意内卷、信息不畅、信息沟通不全、理解失当等因素。以体育赛事中的接力赛为例,团队的最终获胜成绩,不是单以速度最快的那个人作为参考,而是要以团队中速度最慢的那个人作为参考的。此外,整体成绩还需要额外考虑参赛过程是否会出现意外,如碰撞、跌倒、传递接力棒失败等因素造成的时间消耗。

企业通常结合自己的发展阶段、行业人才情况和具体岗位需求,综合评估人员的四个方面的素质,即:

(1)意愿类素质:动机、态度、兴趣等;

(2)智能类素质:管理能力、组织能力、领导能力、语言表达能力等;

(3)知识素质:专业知识、相关知识等;

(4)人格素质:性格、气质、情绪稳定性等。

第三节　绘制直接客户画像

客户画像的绘制本质上是对创业团队做阶段市场定位,因为团队存在的本质是对市场提供一项服务,不论这项服务是面向消费者(ToC)还是面向企业(ToB),提供具体哪一类或者哪几类实物、虚拟服务、知识服务,定位的本身是为了更好地服务客户而存在的。个人和团队、公司和产品都需要在市场竞争中找到自己的清晰定位。其中,理想客户画像(Ideal Customer Profile,简称ICP)的绘制是帮助团队做好市场定位、战略目标、阶段历程等最有效也是最容易的一个方法。

美国定位大师杰克·特劳特(Jack Trout),作为全球最顶尖的营销战略家、"定位"之父,在40多年的实战中开创并不断完善了"定位理论"。他的作品包括《定位:新竞争时期企业经营之道》《重新定位》《商战》《什么是战略》等。他和他的合伙人艾·里斯一起在营销领域创立了"定位理论"。有效的定位理论可以帮助团队快速确定客户是谁,杜绝冗余市场活动,这也是销售活动中最有效的降本增效举措之一。

理想客户画像的绘制方式是一个系统性的过程,它涉及多个维度的分析和整合。以 ToC 业务的客户画像为例,基本绘制步骤如下:

(1)定义目标客户群。需要明确产品或服务主要面向哪些人群。这通常基于企业的市场定位、业务目标以及产品或服务的特点。

(2)收集数据。通过市场调研、问卷调查、访谈等方式,收集关于目标客户群的数据。这些数据可以包括年龄、性别、地理位置、职业、收入水平、受教育程度等基本信息。同时,还需要了解他们的消费习惯、购买偏好、使用习惯、价值观等更深层次的信息。

(3)分析数据。对收集到的数据进行深入分析,找出目标客户群的共同特征和差异,这有助于更准确地描绘出理想客户的形象。

(4)创建客户画像。基于分析结果,开始创建客户画像。客户画像应该是一个具体的、生动的描述,包括目标客户的基本信息、职业背景、生活状态、兴趣爱好、消费习惯等。客户画像应该足够详细,以便团队能够清晰地理解并记住这个"人"。

(5)验证和调整。将创建的客户画像与实际市场中的客户进行对比,验证其准确性。根据市场反馈和业务发展情况,不断调整和完善客户画像。

(6)应用客户画像。客户画像在产品开发、市场营销、销售策略等多个方面都有应用价值。例如,可以根据客户画像设计更符合目标客户需求的产品功能;在制定营销策略时,也可以针对客户画像的特点选择更合适的渠道和方式。

在整个过程中,需要注意以下几点:

(1)保持真实性。客户画像应该基于真实的数据和分析结果,而不是主观臆断或猜测。

（2）关注细节。客户画像越详细，越能深入了解目标客户，制定更精准的策略。

（3）持续更新。市场环境和客户需求都在不断变化，客户画像也需要定期更新和调整。

通过反复步骤1—6，逐步修正经营活动，直至目标达成。这个修正过程也能有效开展执行经营动作价值评估，以是否偏离目标客户、是否产生新的萌芽机会点作为过程资产管理和企业经营决策的主要轴心。

近30年的互联网发展，使得我国出现了很多数据分析管理平台，有以艾媒咨询为代表的专业媒体平台，也有以B站等互联网平台为代表的数据分析服务中心。购买服务都可以通过相对合理的价格获取相对及时准确的客户画像，成为零经验者的判断评估入门依据。

第四节　评估创业工具和路径

一、创业工具

创业工具简单来说就是"市场—资金—人力资源"三大核心工具。

首先，市场在创业过程中扮演着至关重要的角色。市场工具主要包括市场调研、市场分析和市场营销等方面。通过市场调研，创业者可以了解目标市场的需求和竞争态势，为产品定位和差异化策略提供依据。市场分析则有助于创业者深入理解市场趋势和消费者行为，从而制定更为精准的市场策略。市场营销则帮助创业者有效地推广产品和服务，吸引潜在客户，提升品牌知名度和市场份额。

其次，资金是创业过程中不可或缺的一环。资金是创业活动得以顺利进行的基础保障。创业者需要利用资金工具筹集创业所需的启动资金、运营资金和扩张资金等。这包括向银行申请贷款、寻求风险投资、参与众筹等多种方式。同时,创业者还需要合理规划和管理资金,确保资金使用的效率和效果,降低财务风险。

最后,人力资源也是创业成功的关键因素之一。创业团队需要具备不同领域和专业背景的人才,共同推动企业的发展。人力资源工具包括招聘、培训、绩效管理和激励等方面。创业者需要运用这些工具,吸引和留住优秀人才,提升团队的整体素质和执行力。同时,创业者还需要关注员工的成长和发展,为员工提供良好的工作环境和福利待遇,激发员工的创造力和工作热情。

创业者需要充分利用这些工具,提升创业成功的概率和企业的竞争力。同时,创业者还需要根据企业的实际情况和市场环境,灵活调整和优化这些工具的应用策略,以应对不断变化的市场需求和挑战。

二、创业路径

创业路径是由创业者的创业思维决定的。创业思维是一种行动导向的方法,体现了实用主义的哲学思想。该思想认为新的投入(知识、信息、资源、网络和行动)会拓展创业者对机会的认识,强调创业团队中所有成员的共同创造。诺贝尔经济学奖获得者赫伯特·西蒙教授的关门弟子,美国弗吉尼亚大学达顿商学院的萨拉斯(Saras Sarasvathy)教授,从1997年开始,花了将近四年的时间研究"是什么赋予创业者创业力",于2001年发表重要成果,揭示了其中的关键,提炼了创业思维的五大原则,对于创业者具有重要指导作用。

原则1:"手中鸟原则"。创业并非始于对机会的识别和发现,或者预先设定清晰的目标,而是从目前手上所拥有的资源出发并展开行动,分析你是谁、你知道什么以及你知道谁,即了解你自己目前手中拥有的资源和手段有哪些,再行动。创业行动应该是资源驱动,而非目标驱动。

原则 2:"可承担损失原则"。创业者必须首先确定自己可以承担的损失以及愿意承担的损失有多大,然后才投入相应的资源,而不是根据创业项目的预期回报来投入资源。在采取每一步行动之前,创业者都应该只付出自己能够承担并且愿意负担的投入,否则就跟赌徒差不多了。在考虑投入时,应该综合权衡各种成本,包括金钱、时间、职业和个人声誉、心理成本和机会成本等。

原则 3:"疯狂被子原则"。创业者不要把大量的精力放在竞争分析上,而是要积极寻找愿意为创业项目实际投入资源的利益相关者,通过谈判、磋商缔结创业联盟,建立一个自我选定的利益相关者网络,把他们变成合作伙伴。这些合作伙伴会带来新的资源。随着联盟网络的扩大,创业目标也会不断发生变化。

原则 4:"柠檬水原则"。西方有一句谚语:"如果生活给了你柠檬,就把它榨成柠檬汁。"这实际上是要求创业者以积极的心态主动接纳和巧妙利用各种意外事件和偶发事件,因为它们在创业途中是无法避免的,不应消极规避或应付。在创业过程中所采取的行动很可能不会带来期望的结果,这时需要友好看待,否则将会错失某些重要的东西。很多时候,意外也意味着新的机会。当然,意外也可能意味着问题。如果可能,解决这个问题后,你的解决方案会变成你的资产。假如这个问题会永久存在并且无法排除,那么它将成为你采取下一步行动的已知事实基础。

原则 5:"飞行员原则"。创业者不应该把主要精力花在预测未来上,而是要采取行动。未来取决于你现在做了什么,很多看似不可避免的发展趋势或许是可以改变的,但前提是采取行动。

这五大创业原则具备的完整度决定了创业者定义自己的创业路径。创业者在面对这些挑战的时候,由于个人成熟度和团队成熟度的不同,最终形成的创业路径完全不同。

第五节　反复评估过程中的资源缺口

在项目管理的日常工作中,聚焦并反复评估过程中的资源缺口是至关重要的。资源缺口指的是实现目标所需资源与当前可用资源之间的差距。这种差距可能涉及人力、物力、财力、时间等多个方面。为了确保项目的顺利进行和目标的顺利实现,创业者必须密切关注资源缺口,并采取有效的措施进行弥补。

首先,缺口都是阶段性的,围绕的是阶段目标的实现路径这一核心。创业者需要明确项目或工作的目标,以及实现这些目标所需的资源。这包括分析项目或工作的范围、时间、成本预算等方面,以确定所需的人力资源、物资设备、资金等。同时,创业者还要对当前可用的资源进行盘点,了解资源的数量、质量以及分布情况。

其次,创业者需要对比所需资源与可用资源,识别出资源缺口。这可以通过制订详细的资源计划来实现,将所需资源与可用资源进行逐一对比,找出差距。在识别资源缺口时,创业者要注意区分不同类型的缺口,如人力缺口、物资缺口、资金缺口等,以便有针对性地采取措施。

再次,创业者需要对资源缺口进行反复评估。这包括分析缺口的大小、影响以及可能的变化趋势。在评估过程中,创业者要充分考虑项目或工作的实际情况,结合市场供求、政策法规等因素,对资源缺口进行动态调整。同时,创业者还要关注资源的可获得性和替代性,以便在必要时寻找替代资源或调整资源分配方案。

最后，创业者需要制定有效的措施来弥补资源缺口。这包括加强资源调配、优化资源使用、寻求外部支持等方面。例如，创业者可以通过招聘或培训弥补人力缺口，通过采购或租赁弥补物资缺口，通过融资或合作弥补资金缺口。在实施这些措施时，创业者要注重资源的整合和协同，确保各项资源能够充分发挥作用，实现项目或工作的目标。

聚焦并反复评估过程中的资源缺口是确保项目或工作顺利进行的关键。创业者需要通过明确目标、识别缺口、评估影响以及制定措施等步骤，不断优化资源配置，提高资源利用效率，为项目或工作的成功奠定坚实的基础。

课后阅读

经济学家管清友：中国正面临百年未有之大变局！

（口述：管清友，如是金融研究院院长、首席经济学家

口述时间：2020 年 7 月）

创业者处于历史的转弯处。

今天，中国又走到了一个十字路口，每个创业者都不是旁观者。

从千年的历史维度来看，从公元元年至今的 2000 多年里，中国经济总量在全球占比总体呈震荡上升趋势。如今，中国是世界第二大经济体，经济总量全球占比在 16％左右。

早在清代嘉庆二十五年（1820 年），中国经济总量在全球的占比就达到 40％了。也就是说，直到今天，中国经济总量占比还没恢复到历史上最辉煌的时候。当然，这只是从占比一个维度来看。对于一个经济体而言，经济质量更为重要。晚清鸦片战争后，中国经济总量占世界经济的比例逐渐缩小；直到改革开放后，占比才逐步恢复并一步步扩大。

回顾改革开放的 40 余年，中国一直在实现超越：1978 年，中国的经

济总量在全球排名第十二；1993年，超过俄罗斯，全球排名跃居第十；2010年，超过日本，全球排名第二。我个人分析，也就是在这一年，中国引起了美国的警觉和关注。目前，中国的GDP相当于美国的67%，按照现有的发展速度，从经济总量上看，中国大概率会在2029年或2030年超过美国，成为世界排名第一的大经济体。

可以说，外部环境发生变化是可以预见、想象的。当前中国正处于历史的拐弯处，面临着世界百年未有之大变局。

在国际上，全球化和金融危机后长期实施的宽松货币政策，导致了全球分化。这种分化必然引发严重的分配不公问题。一些国家的内部改革举步维艰，国内社会撕裂十分严重。做不大蛋糕，就必然到外面抢蛋糕。逆全球化的态势已经形成。我个人把2016年特朗普当选美国总统，看作是1991年苏联解体后形成的这一轮全球化的终结。按桥水基金创始人瑞·达里奥的说法，当前全球前景并不好，人类可能面对比二战时期更严峻的世界格局和环境。我是同意这个看法的。

在国内，中国正处于领导人所说的"发展方式转变"、"产业结构升级"、"经济结构变迁"的重要时期。在当前经济新常态下的减速期，再加上新冠疫情的短期冲击，势必造成一批企业的受创、破产，就业压力增大，实际收入水平的增速减缓，以及一些脆弱群体的生活陷入困境。道路是曲折的，光明的前途需要付出艰苦卓绝的努力。未来3～5年，创业者们依然需要做好较坏的打算，强化"底线思维"。新冠疫情是千年未有之大危机。它就像在经济运行的机器中撒入了一把大颗粒的沙子，且无法完全清除。

过去几年，中国有许多趋势是一直在进行中的，新冠疫情加速了这些趋势。

1.中美关系恶化

新冠疫情暴发后，大家便开始讨论，未来是不是会形成"平行世界"，中美之间的联系弱化,各有一个"朋友圈"。

2.价值观、理念的分化

互联网对全球的影响一直在加深。一方面它导致信息的传递更快、更便捷。信息贫困问题得到了相当程度的解决,比如今天大山里的人和北京城里的人都使用智能手机。但同时,移动互联网也带来了一些没有预料到的问题。有人说就好像青蛙坐井观天,本以为有了互联网后就能够看到外面的天空,结果发现不是,而是把一帮人都拉到了井里,他们之间有共同语言,有了强化的共识,同时认为井外的事情都是错的。互联网并没有使得不同社会群体间更加容易达成共识,而是相反,社会的分层更加严重,甚至可以说不是利益不可调和,而是价值观、理念不可调和,更容易产生更多非理性行为。

3.人口结构大幅变化

人口大变局是逃不掉的长期力量。排名在前列的变化是人口拐点渐行渐近,从总量上看,人口净增长速度明显放缓。联合国预测,2027年印度人口将超过中国,中国的人口红利正在消失。但真正令人担心的问题倒不是劳动力红利的消退,而是人口结构大幅变化。2014年中国劳动力人口首次净减少,之后降幅显著加快,尤其是15~24岁的"小鲜肉"减少较快,近3年几乎每年减少1000万人。中国人口正在老去。1966—1974年中国大概有2.94亿人出生。这个群体在当下的未来5~6年里逐渐步入老年。

4.房地产逐渐饱和

创业者可以看到,过去20年大的房地产周期中,增长斜率非常陡峭。现在中国的户均住房已经达到了1.5套,住房拥有率高达96%。而从需求端来看,随着劳动年龄人口、刚需人口的下降,房地产行业确实将会从一个高速增长期步入平稳增长期。

5.全球经济步入减速期

2008 年以后全球的量化宽松,实际上无形中加剧了贫富差距。因为宽松政策天然地是有利于富人的。再加上全球化带来的国际之间利益分配的巨大差异,一些国家内部的利益出现了巨大冲突。客观地说,从增长速度来看,未来 10 年全球经济增长速度将会进入减速期。

因为从全球经验来看,高速增长的经济体普遍经历了减速的过程,没有国家能逃开,中国也不例外。从美国、日本、韩国等国家的发展历程来看,全球经济减速期平均时间为 20 年,最终将稳定在 3% 左右。而中国经济增速从 2009 年起就步入了换挡期,目前刚刚走过 10 年,GDP 增速从高点的 14.2% 下降到了 6.1%,也就是说,还有 10 年左右的减速期。

中国领导人提出"经济新常态"这样的重要判断,是实事求是的,是对中国当前所处发展阶段的合理、精准判断。而我自己理解这个减速期,有所谓坏的减速,也有好的减速。前者就是经济发展速度在下降,经济质量没什么提高,产业结构也没有升级,陷入一蹶不振的状态。日本在 1991 年经济泡沫破裂后,人均 GDP 水平徘徊在 3 万~4 万美元,相当于高位横盘。很多人把这称为东亚国家的"内卷化",达到"天花板",没法突破了。假定中国经济会陷入一个所谓"停滞"的状态,那肯定也更希望是陷入一个高维度的停滞,而不是中低维度的停滞。

所以,我是希望中国能够在减速期真正地实现"提质增效",通过体制机制、生产要素等的改革,使得人均 GDP 水平有一个稳步的上升,产业结构、贫富差距改善,避免陷入"中等收入陷阱"。正可谓"人民对美好生活的向往,就是创业者的奋斗目标"。我觉得这也是国家经济发展的动力。

牛市来了？现在已到中后期

在经济下行的背景下，股市近来却出现了快速上涨的现象。很多朋友就问我，牛市是不是要来了？

首先要定义一下什么是牛市。你从不同角度看待市场，得出的结论是不一样的。过去半年创业板涨了近50％，2019年涨了44％。严格来说，牛市其实早就来了。从估值这个角度来看，牛市已经持续1年了，大量板块的估值水位上涨到了历史较高峰的95％以上。在科技、生物医药等板块，很多公司股价都翻10倍了，翻倍的股票比比皆是。

这轮牛市主要是由资金和情绪推动的，与基本面没什么关系，当前经济和盈利均处于下行态势，但树不能长到天上去，估值永远是有一个基准的。当下其实已经处于牛市的中后期了，情况更像2015年的后半段。而且走得比当时还要快、还要急，风险已经越来越大，这种快速上涨的行情很容易造成集体非理性的局面。就像网上的段子所说的，在熊市凭专业能力赚到的钱，在牛市里都亏回去了。牛市很有可能是一个更大的绞肉机。这是从一两年的时间周期来观察市场得出的结论。

但如果从10年的维度，或者从改革的维度来看，未来创业者是有可能步入一个大牛市中的。因为创业者所处的时代确实到了老百姓的资产池"腾笼换鸟"的阶段。过去20年老百姓的主要资产是房产，未来10年，不动产在资产中的比例会缩小，金融资产的比例会提升，金融资产取代楼市是有可能的。

但要想实现这一点，实际上是有两个前提条件的。

1. 股市一系列的基础制度和设施更加完善

必须创造出一个公平、规范、透明的市场环境。大家都知道，中国股市有一个特点，炒股票的大多是赚不到钱的，只有极少数赚钱，发股票的才赚钱。因为中国股市的监管制度、交易制度，所以决定了它发股票才赚钱。这里有个历史沿革和路径依赖的问题,比如中国股票的发行制度是从审批制到核准制过渡来的,依然需要证监会进行监管、同意股票上市,而未实现监审分离。

这样的话,企业上市周期是很长的,所以许多股票一上市就连续出现几十个涨停板。这种发行制度,决定了股票价格肯定是高估的。同时,创业者现在的交易机制仍然是受约束的、扭曲的一个交易机制,所谓10%的涨跌停限制导致了买卖双方无法达成平衡。而许多原始股东拿到这个股票的价格可能是上市价格的50%,甚至是10%。这个交易本身是不公平的。所以,很多时候,股市的火爆不过就是一个繁忙收割的场景。

2. 不断创造新的增量资产

另外,在这个资产池的置换过程中,还需要一个条件——不断创造新的增量资产。有人讲"IPO牛",这是有可能的。一方面,无论是短期还是长期,政策都是比较友好的,整个流动性相对来讲是宽松的。这时如果有持续的、新的增量资产进入市场中,并且能够按照升维的监管发行、交易制度进行,确实是有可能达成一个大牛市。投资者在里头是可以找到性价比较高的资产的。中国投资者也可以开始真正地享受到中国经济转型升级的红利,分享到企业创新的红利。

但在这两个条件都没有实现的情况下,当下这种资金推动型的牛市贻害无穷,其结局都是很惨烈的。2015年股灾就是深刻的教训。可以预见,这一波可能是外资收割散户的行情。这种资金推动型的牛市,对许多投资者来说,就是个大的绞肉机,看起来好像经历了一次波澜壮阔的市场行情,结果到最后发现亏得连裤子都没有了。这是大概率事件。

所以我觉得对于老百姓来说,一定要认识到:

(1)普通股民冲进股市,相当于拿着大刀长矛,冲进了重机枪阵地。有点经验的股民,不过是换成了驳壳枪而已。千万不要低估股市的风险。

不要觉得自己当不了韭菜、别人都是韭菜，"击鼓传花"一定不会砸到自己手里。(2)永远要有估值意识，树不能长到天上去。(3)建议大家弱水三千只取半瓢，不要贪杯。(4)要用买大白菜的心态去买股票。创业者中很多投资者在菜市场买菜都斤斤计较，甚至锱铢必较。为什么买股票，几十万、几百万、几千万元就进去了呢？

而对于监管层，我建议一是尽快推动监审分离；二是尽快实现完全意义上的注册制。

中国股市较大的问题，就是依然用计划经济的手段，在管理一个市场化程度较高的市场。就像证监会原主席肖钢说的，对创业者的监管充满了"父爱主义"。这些年来，确实让大家看到：不该管的事儿天天管，该管的事儿没管好。所以从监管的角度来讲，真的要加快推进股市的注册制这种完全意义上的市场化改革，加快取消一切不必要的限制和扭曲。但在这之前应该有一个过渡方案。

我个人主张在充分做好风险提示的基础上，尽快恢复 T＋0(能够当天买和卖)和进一步放大涨跌停板的幅度，以及完善做空机制等。让投资者真正在风险环境适度的市场中，为自己的投资负责。如果不是这样的话，这个市场会是什么样呢？不是说戴着镣铐跳舞了，因为戴着镣铐跳舞至少还知道镣铐是绑在脚上的。现在是一会儿绑脚，一会儿绑手，一会儿绑这，一会儿绑那，市场被严重扭曲。

未来几年，我的几点研判、几个建议。

而对于未来几年，我有几点研判和几个建议。

1.大力推动"国内、国际双循环"

当前世界处于少有的大变局中。一方面贸易保护主义和单边主义盛行，原来全球贸易兴盛的景象已不复存在。很多机构认为，未来3～5年，贸易规模会下降30％～40％。

　　同时,国内当前正处于一个经济结构改变、优化,转变增长动能的攻坚期。所以中央提出构建"以国内大循环为主体、国内国际双循环相互促进的新发展格局"。这个提法非常重要。也就是说,改革开放后形成的从国内到国际的大循环格局发生了根本性变化,国内产业链重构、区域经济重新布局。双循环肯定不是闭关锁国,也不是关上门搞发展,而是充分挖掘国内潜力,继续扩大开放,实现更高水平的发展。在我的理解中,主动的国内国际双循环,至少包括 5 个关键词:统一市场、启动内需、数字经济、产业重构、区域洗牌。统一市场是基础,启动内需是动力,数字经济是提升,产业重构和区域洗牌是结果。

　　(1)统一市场。如果要启动内需,创业者需推动一轮比 2001 年加入 WTO 前实现国内市场统一规模更大的举措。因为国内市场虽然有超大规模,市场潜力、广度、深度都值得挖掘,但实际上存在许多区域间的障碍,其中有法律法规、监管、交通、物流、社保等一系列问题。因此,统一市场的建立是新经济格局形成的基础。

　　(2)启动内需。启动内需的核心是深入推动生产要素市场化改革,释放生产要素的活力,其中包括土地、资本、劳动力、技术,以及大数据。现在启动内需面临非常大的挑战,经济减速与新冠疫情冲击致使一个重要现象出现——实际收入水平下降,甚至负增长。这时启动内需显得非常紧迫。

　　(3)数字经济。20 世纪 80 年代,老百姓都知道一个朴素的道理——"要想富,先修路"。2008 年后,中部城市能够实现崛起,很重要的一个原因是高铁的发展。而数字经济也是重要的基础设施,就是所谓的"新基建"。这是每个城市都避不开的。数字基建的全面升维,有点像美国 20世纪 80 年代初里根当总统时期说的"信息高速公路建设"。它对企业经营、商业模式、产业链布局等都会产生一系列影响,包括一定会造成区域经济的重新洗牌。对城市而言,它的要义在于抢抓机遇,哪些地区能抓住数字经济的先机,就能换道超车。弯道超车现在经常"堵车""翻车",因为还是同质化竞争,但换道超车是升维竞争。对企业来说,同样如此。身处一些中小城市的领导和企业家,可能要想办法避免受到"虹吸效应"的影响。

(4)产业重构。就像高铁导致的城市之间相对地位发生变化,产业链重新布局也是同样的道理。未来会如何?说实话我也很难完整想象。就像在20世纪90年代中后期,国人很难想象互联网会发展成现在的状态。但今天我想特别强调一点,对于前二十年相对落后的一些地区来讲,这是升维竞争、换道超车的绝好机会。我走访过许多地方,与众多地方政府交流后发现,对于相对落后的地区来讲,如果在传统赛道去竞争,似乎永远追不上先进地区,但是"新基建"、数字经济则提供了一个换道超车的机会——既然开车追不上,那就改直升飞机。对于相对落后的地区来说,"新基建"会改变很多地区产业吸附力不够高、人才吸引力不够强、信息交流不够通畅的问题。希望创业者的城市市长、书记们一定要抓住这个机会。

(5)区域洗牌。创业者以往有"一个地球、三个世界"的说法。因为全球产业分工可以分成三大类:排名前列的是美国和欧洲,其消费市场、金融市场非常发达;第二类是中国、东南亚国家,全球的生产制造基地;第三类是俄罗斯、澳大利亚、中东产油国,提供能源、矿产、粮食、农作物。而在新的"国内国际双循环"格局下,区域和城市将大洗牌,定位会出现明显变化。未来中国可能也有"三个世界"。简单打个比方:黑龙江就扮演澳大利亚的角色,为农产品主产区;陕西如同沙特,为能源主产区;北上广深等城市仿若美国,是消费市场。

2.要学习日本经验和吸取日本教训

第一个重要变化就是人口老龄化加剧。未来5~6年可能会出现一次"人口结构大幅变化"。第二个变化是进入经济新常态,特别是受新冠疫情冲击,居民实际收入增速出现大幅下降甚至负增长,大部分人会因此消费降级。

所以,收缩型经济将成为未来的新常态,它有着 5 个鲜明特征:(1)在投资上,很难挣到依靠经济泡沫产生的钱,只能挣到较低的稳定收益。(2)在收入上,增长将变得极其艰难,甚至大部分人的收入是下降的。(3)在生活上,大家会追求简单,不再那么铺张浪费。(4)从企业角度,会提供性价比较高的产品和服务,比如优衣库、无印良品等。(5)人们会投入更多时间用于学习、培训,重新评估自身能力和价值。

在这样的背景下,我建议在创业、投资、融资等方面都要重塑价值、回归本源,适应收缩型经济新常态,回归商业本质。从经营角度看,企业要从侧重于横向的流量扩张,变成侧重于纵向的流量变现。从公司规模看,从过去习惯的"大而全""大而不能倒",变成专注"小而美"的实惠型企业,有稳定现金流,有自有手艺、技术、客群和市场。从经营策略看,要从快速扩张变为稳健集约经营。从投资方看,要学会从赚快钱转向赚慢钱。

3. 以重大改革推动双循环格局形成,充分释放内需潜力

尽管中国的 GDP 总量已经位于全球第二,但人均 GDP 才刚刚破万,水平还是比较低的。中国还有很多短板,比如地区差距、城乡差距、收入差距。这些差距也是中国下一步能够通过改革方式去释放动力的着眼点。未来应该重视国有资本改革、土地改革,反哺农民。

中国的金融结构、城乡差异、收入差距表明,中国很难采用欧洲和美国那样的刺激政策,若这样的政策持续下去,很可能导致资产再次飙升,进而造成贫富差距继续拉大、社会矛盾持续积累。这种情况不符合"以人为本"的执政理念,也不符合新的发展观。所以从宏观政策来讲,一定要认清这点。而围绕供给侧结构性改革,可做的文章有很多:

（1）国有资本改革。围绕管人管事管资产，到管资本。真正的管资本方面，可做的改革文章有很多。我觉得目前的改革，和理想方案的差距还比较大。

（2）土地改革。土地作为重要的生产要素，该如何改革？应该形成城乡统一大市场。这方面我要多说一句，中国的很多地方在搞土地改革时，只拿土地实现集约化利用，这是不对的；要从基本的意识形态、法律以及实际操作方面改革。

过去70年，中国有一个群体是一直在做贡献的，就是农民群体。新中国成立后的30年里，农民群体通过农业做贡献支撑全国；改革开放40年，农民群体实际上是通过城乡土地剪刀差来支撑城市，继续给全国做贡献。现在改革开放已经42年，新中国成立也71年了，在推动土地改革时，创业者务必明确一点，一定要反哺农民，让农民成为有产者，把土地交还给农民，实现城乡统一大市场。

这点对中国经济下一步可持续增长，摆脱新冠疫情冲击，启动消费等一系列问题都有着极其重要的意义。但现在这个问题由于受到现行法律和传统观念的束缚，推进起来困难重重。很多地方出现了一些令人不愿看到的现象，有人打着土地集约利用的旗号，变相剥夺农民的土地。这是完全不对的。所以在土地改革上，可做的文章非常多，一定要重温"以人为本"的执政理念，一定要践行党的群众路线。

4.未来几年，尽量务实一点

对普通人来说，未来几年应该如何自处？

我认为，应该认清形势，提高认知能力，采用收缩型的生活方式。做梦不要做得太大，尽量务实一点，没办法跳槽的就别跳槽，努力保住现有工作，有投资能力的可以进行抄底操作。不同人群的情况不一样，不能一概而论。简单来说，要稳住基本盘，守住风险底线，敏锐抓住机会。但归根结底,看清本质是最主要的。因为所有选择,都跟你的认知水平有关。

所以创业者应该采取一个实事求是的态度,既不要过度乐观,也不需要过度悲观,确定自己想要的生活、工作状态。无论你是打工、创业,还是投资,一定要想通透一些。

来源:正和岛(ID:zhenghedao)2020-08-02 21:05 https://www.sohu.com/a/411127654_100162382。

第二篇

创业实操篇

第四章　发现商业机会

第一节　商业机会的识别

创新创业的实质开端为商业机会的识别,创业活动的机会导向表现为创造价值,创业意味着要向顾客提供有价值的产品和服务,通过产品和服务使消费者的需求得到实质性的满足,机会识别的出发点在于识别出人们需要而且愿意购买的产品和服务,并非创业者自己想生产和销售的产品或服务。因此,创业者的机会识别关键在于发现用户在使用场景中所面临的问题,即用户所在使用场景的现状与意图状态之间的差异。

此外,创业机会具有时效性,随着时间变化,用户所处的使用场景及面临的问题会发生动态改变,新投入市场的其他产品也会对机会的存续产生影响。因此,商业社会绝大部分商业机会的识别主要依赖创业者对社会的认知。

创业机会的触及会更多涉及创业认知而非常规理解的创业能力、创业经验。抖音的创始人张一鸣曾在某次媒体采访中表示:"对事情的认知是最关键的,其他的要素都可以构建"。而认知来自个体在不断自我训练中,持续成熟过程所发展出的思维能力。思维能力包括归类、推理、运算、判断、空间、记忆、想象、专注、手脑协调、知识迁移(见图4)。

图 4　思维能力内容

锻炼思维能力是一项系统性工程，需要长期投入。这要求我们以严谨的态度、稳重的风格、运用理性的思维和官方的语言风格不断提升自身的认知水平。通常可以从以下几点展开自我训练，以实现能力提升：

（1）保持持续的探索精神与理性的提问习惯。我们应当始终保持对未知领域的好奇心和探索精神，不断深化对世界的认知。同时，要培养理性的提问习惯，通过提出有针对性的问题，促使自己深入思考，进而寻求答案。

（2）开展广泛且深入的阅读活动。广泛阅读是提升思维能力的重要途径，通过阅读不同领域的书籍，可以拓宽知识视野，丰富思维内涵。深入阅读则有助于我们理解知识的本质和内在逻辑，拓展思维的深度和延伸思维的广度。

（3）加强批判性思维的训练与实践。批判性思维是思维能力的重要组成部分，通过训练和实践，我们可以提高自己对信息的辨别能力和对观点的评估能力。在面对各种信息和观点时，我们要保持独立的判断，不盲从、不随波逐流，以理性的态度进行分析和评价。

(4)系统地进行逻辑推理训练。逻辑推理是思维能力的基石,通过参与解谜、数学游戏等活动能有效锻炼逻辑推理能力。同时,学习并应用逻辑规则和原理,有助于我们更好地分析问题、解决问题,提高思维的准确性和效率。

(5)积极参与辩论和讨论。通过参与辩论和讨论,我们可以与他人分享观点、交流思想,从而拓宽自己的思维视野。在辩论和讨论中,我们要保持冷静、客观的态度,尊重他人的观点,同时也要勇于表达自己的见解和想法。

(6)学习并掌握新的知识和专业技能。学习新的专业技能不仅有助于提升个人竞争力,还能够锻炼我们的思维能力。通过学习新的知识和技能,不断挑战自己的认知边界,提高解决问题的能力。

(7)注重冥想与放松以促进思维优化。在紧张的工作和学习之余,注重冥想与放松对于优化思维环境至关重要。通过冥想与放松,我们可以提高注意力和专注力,减少外界干扰对思维的影响。同时,保持良好的作息习惯和适当的运动也有助于提升思维能力。

(8)持续进行反思与总结以优化思维过程。反思与总结是提升思维能力的重要环节,通过回顾自己的学习和实践经历,我们可以总结经验教训、发现不足之处。

创业者对社会的整体认知越全面、越系统,所能架构的商业机会就越清晰。商业机会并非毫无依据和序列,逻辑树和思维导图都可以有效帮助创业者整理所获得的商业机会的信号,增加商业机会落地的可执行性。

在以高效工作著称的麦肯锡体系中,流行一套基于金字塔理论的MECE 原则是 Mutually Exclusive Collectively Exhaustive 的缩写,,即"相互独立,完全穷尽",我们可以将这一法则运用于商业机会识别中。运用 MECE 原则识别商业机会的主要工作顺序为:

(1)收集市场信息;

(2)描述市场信息;

(3)得出商业结论;

(4)提出商业方案。

知识拓展:《金字塔原理》中 MECE 法则解读

1. 什么是金字塔原理?

《金字塔原理》是一种思考和组织思想的方法,最早由德国心理学家和咨询师巴巴拉·明托(Barbara Minto)于 1973 年提出。这个方法的核心思想是通过将事物分解成层次结构,以富有逻辑的方式呈现。其目的在于助力读者或听众更容易理解和接受观点。

在《金字塔原理》中,需要将观点和信息组织成一个金字塔的形状。金字塔的顶部是一个总结性的陈述,然后,每一层都是对下一层的信息进行细化和支持。这种层次结构使得观点更容易被理解,无论是读者还是听众都能够按照自己的需要选择性地深入了解相应部分。

《金字塔原理》作为一种思维逻辑,可以在各种场景中发挥作用,包括报告、演讲、销售提案等。运用《金字塔原理》,可以更有效地组织思想,并且能够更具说服力地传达观点,帮助人们提升沟通成效。

2. 什么是 MECE 法则?

MECE 法则是金字塔原理的一种关键思维方法,也是麦肯锡思维过程的一条基本准则。MECE 中文意思是"相互独立,完全穷尽",也就是对问题的分析,能够做到不重复、不遗漏,从而直达问题的核心,并找到问题的解决方法。"相互独立"是指在思考问题的过程中,我们需要将问题进行分解,每一层级的问题与问题之间没有重复、交叉、相关性,核心是不重复。"完全穷尽"是指每一层级中所有项目不出现遗漏，核心是不遗漏。

3. 如何利用 MECE 法则来分析问题？

如何实现"相互独立，完全穷尽"呢？我们可以通过以下四个步骤落实 MECE 法则：

(1)确立核心问题。明确当下讨论的问题到底是什么，以及我们想要达到的目的是什么，例如如何组织一场培训。这个范围决定了问题的边界，让"完全穷尽"成为一种可能。

(2)列出关键点，并且完全穷尽。围绕核心问题列出与其有关的所有关键点，例如列出组织培训的所有关键点，包括调研、确定时间、策划方案、选择方案、人员安排、场地安排、档案整理、费用报销等，然后思考判断你是不是把一切都想到了？如果是，那么所列的内容就是"完全穷尽"的。

(3)检查每一项是否完全独立，如果不是，对它们进行分类和归纳。当你确定这些内容以后，仔细琢磨它们。是不是每一项内容都是独立的、可以清楚区分的事情？如果是，那么你的内容清单就是"相互独立"的；如果不是，对它们进行分类和归纳，形成类似于图 5 的结构。

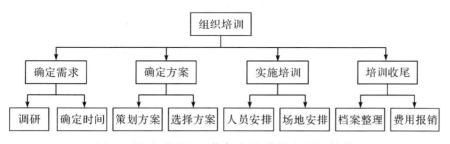

图 5　"组织培训"工作任务的关键点层级结构

（4）再检查每一层是否完全独立且穷尽，形成类似于图 6 的结构。

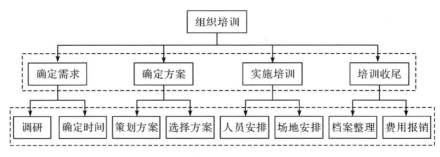

图 6 "组织培训"工作任务的关键点层级结构的分析与检查

我们会发现这种呈现的结构变成了金字塔样式，每一层都是下一层内容的总结概括，而第一层是要阐述的核心问题（或观点），这就是麦肯锡推崇的金字塔思维结构。使用金字塔结构图可以比较容易地发现是否有重叠项。

MECE 法则最大好处就在于，对影响问题产生的所有因素进行层层分解，通过分解得出关键问题所在，以及梳理出解决问题的初步思路。无论绩效问题，还是业绩问题，都可以运用 MECE 法则进行归纳总结，梳理思路，寻找达到目标的关键点。

第二节　商业画布的绘制

一、商业画布的定义

在商业机会形成的过程，我们可以借用 MECE 法则做商机识别，在进一步进入商业机会落地谋划和商业机会管理的时候，商业画布就是一个非常好的管理工具。它可以适用于各种规模和类型的企业,无论是初创公司还是大型企业,无论是产品驱动型还是服务驱动型的企业,都可以通过使用商业画布来理解和改进它们的运营模式。

商业模式画布理论由瑞士商业模式创新顾问亚历山大·奥斯特瓦德(Alexander Osterwalder)和瑞士洛桑大学信息系统管理教授伊夫·皮尼厄(Yves Pigneur)提出。奥斯特瓦德等认为,商业模式主要用于描述企业如何创造、传递和获取价值,核心在于考察企业的盈利模式。该理论通过九个基本要素和四个主要板块清晰地描述并定义了商业模式,勾勒出企业营收的内在逻辑(见图7)。九个基本要素分别是客户细分、价值主张、渠道通路、客户关系、收入来源、核心资源、关键活动、重要伙伴和成本结构;四个主要板块为客户、提供物、基础设施和财务。其中,客户细分、客户关系、渠道通路三个要素属于"客户"板块;价值主张属于"提供物"板块;核心资源、关键活动、重要伙伴属于"基础设施"板块;成本结构和收入来源属于"财务"板块。

商业画布是一种能够帮助企业将复杂的商业模式进行清晰可视化操作的工具,它可以让人以一种可视化的方式清晰了解公司的运营方式。简单来说,绘制商业画布就是根据商业画布包含的九个基本要素进行针对性"填空"。

图 7　商业模式画布理论

资料来源：摘自《商业模式新生代（经典重译版）》一书。

二、商业画布的九个要素

（一）客户细分（Customer Segments，CS）

客户是商业模式的核心。在此需要反复自问两个问题：我在为谁创造价值？谁是我们最重要的客户群体？

客户群体的划分有不同的方式，主要包括以下几种：

（1）大众市场（mass market）。基于大众化市场的商业模式不会区分客户群体。它们的价值主张、分销渠道、客户关系聚焦于一个庞大的、有着广泛的相似需求和问题的客户群。这种商业模式常见于消费电子产业。

（2）小众市场（niche market）。小众市场的商业模式迎合的是某一个具体的、专门的客户群体。其价值主张、分销渠道和客户关系皆是根据某一小众市场的具体需求量身打造的。这样的商业模式常见于供应商—采购商关系中，如很多汽车零部件制造商依赖于主流汽车制造商的采购。

（3）求同存异的客户群体（segmented）。有的商业模式面向的是有着些许区别的需求和问题的多个细分市场，如某银行的零售部门，从它庞大的客户群中划分出两个群体：个人资产在 10 万美元以下的群体，个人资产超过 50 万美元的小众群体。这两个群体的客户有着既相似又不同的需求和问题。这一划分影响着该银行商业模式中的其他模块，如价值主张、分销渠道、客户关系以及收益来源。

（4）多元化的客户群体（diversified）。具有多元化客户商业模式的企业可以服务两个具有不同需求和问题的客户群体，如 2006 年亚马逊（Amazon.com）决定通过销售其"云计算"服务促使其零售业务多元化，即在线存储空间业务和服务器点播使用业务。因此，亚马逊开始以完全不同的价值主张迎合完全不同的客户细分群体——网站公司。这个策略得以实施的根本原因是基于亚马逊强大的 IT 基础设施经营的多样化，其基础设施能被零售业务运营和新的云计算服务所共享。

（5）多边平台（多边市场）（multi-sided platforms/multi-sided markets）。有的企业服务的是两个或多个相互独立的客户群体。如一家信用卡公司，既需要一个基数庞大的持卡人群体，又需要一个庞大的接受卡片的商家群体。同样地，一家提供免费报纸的企业，一方面需要庞大的读者群体吸引广告商家，另一方面也需要广告商家为报纸的生产和分销买单。这两个客户群体对于这个商业模式而言都是至关重要的。

（二）价值主张（Value Propositions，VP）

价值主张描述的是为某一客户群体提供具有价值的产品和服务。价值主张是客户选择一家公司而放弃另一家的原因，它解决了客户的问题或满足其需求。每一个价值主张就是一个产品和（或）服务的组合，这一组合迎合了某一客户群体的需求。从这个意义上说，价值主张就是一家公司为客户提供的利益的集合或组合。价值主张可以是创新性的，并带来一种新的或革命性的产品或服务，也可以是与既有的产品或服务相似，但增添了新的特性和属性。

我们要向客户传递怎样的价值？在客户所面对的问题中，我们需要帮助解决哪一个？我们需要满足客户的哪些需求？面向不同的客户群体，我们应该提供什么样的产品和服务的组合？一个价值主张旨在针对某个群体的需求，定制一套新的元素组合来为该群体创造价值。所创造的价值可以是数量上的，如价格、服务响应速度等；也可以是质量上的，如设计、客户体验。

创造客户价值的方式可以包括以下几个方面：

（1）创新（newness）。有的价值主张满足的是客户之前未曾察觉的全新需求。由于之前并没有类似的产品或服务存在，这一类价值主张通常与科技创新相关，如手机在移动通信中创造了一个新的产业。

（2）性能（performance）。改进产品或服务的性能是一项传统而普遍的创造价值的方式。个人计算机产业一直以来采用这种方式，即不断向市场提供性能更加强大的计算机产品。

（3）定制（customization）。针对某些客户或客户群体的某项需求提供定制的产品或服务，这一模式能够创造价值。近年来，大规模定制（mass customization）和客户参与创造（co-creation）的生产方式凸显了其重要性。这种生产方式在实现产品或服务定制化的同时,还维持了生产规模化所带来的经济性优势。

(4)保姆式服务(getting the job done)。简单地帮客户完成任务,即使简单,却可以创造价值。

(5)设计(design)。设计是一个重要但很难量化的元素,一个产品可能由于其出色的设计而鹤立鸡群。在时尚产业和消费电子产业,设计对于价值主张而言尤其重要。

(6)品牌或地位(brand/status)。客户可以简单地通过使用和展示某一品牌而获得价值。

(7)价格(price)。以更低的价格提供相同的价值是满足价格敏感型客户群体的需求的普遍方式,但低价格主张对于商业模式的其他模块都有着重要的影响,如西南航空公司、易捷航空公司和瑞安航空公司等廉价航空专门设计了一整套商业模式以实现低成本飞行。

(8)缩减成本(cost reduction)。帮助客户节约成本是创造价值的重要方式。如 Salesforce.com 提供客户关系管理(customer relationship management,CRM)的托管应用软件服务,为用户免去了购买、安装和操作的成本。

(9)风险控制(risk reduction)。为客户所购买的产品或服务降低风险,以此为其创造价值。以一个二手车买家为例,提供一年内保修的政策为买家降低了购车后的故障和维修风险;签署服务级别协议(service-level)为购买外包 IT 服务的客户降低了一部分风险。

(10)可获得性(accessibility)。帮助客户获得之前他们无法获得的产品和服务也是创造价值的方式。这一方式可能得益于商业模式的创新、科技的创新,或两种创新共同作用的结果。如奈特捷公司(NetJets)使得合伙购买私人飞机这种方式流行起来,该公司这一创新性的商业模式使之前大多数无力承担的个人和企业拥有了私人飞机。

(11)便利性或实用性(convenience/usability)。让产品使用起来更方便或操作起来更简单也可以为企业创造相当大的价值。通过 iPod 和 iTunes,苹果公司为客户提供了数字音乐从搜索、购买到下载和使用一整套前所未有的便捷体验。

(三)渠道通路(Channels,CH)

渠道通路描述的是一家企业如何与其客户群体达成沟通并建立联系,以向对方传递自身的价值主张。客户希望以何种渠道与我们建立联系?我们现在如何建立这种联系?我们的渠道是如何构成的?哪个渠道最管用?哪些渠道更节约成本?我们如何将这些渠道与日常客户工作整合到一起?

与客户的交流、分销和销售渠道构成了一个企业的客户交互体系。渠道通路在客户体验中扮演着重要角色的客户触点(touch points),其作用包括以下几点:

(1)使客户更加了解公司的产品和服务;

(2)帮助客户评估一家公司的价值主张;

(3)使得客户能够购买某项产品和服务;

(4)向客户传递价值主张;

(5)向客户提供售后支持。

每一个渠道都可划分为五个相互独立的阶段,具体包括:

(1)知名度:如何扩大公司产品和服务的知名度?

(2)评价:如何帮助客户评价我们的价值主张?

(3)购买:客户如何购买我们的某项产品和服务?

(4)传递:如何向客户传递我们的价值主张?

(5)售后:如何向客户提供售后支持?

　　每一个渠道可以覆盖其中几个或全部五个阶段。

　　此外,可以将渠道划分为直接和间接渠道,或者划分为自有的和合作方的渠道。

　　直接渠道可以包括销售人员、网络销售,间接渠道包括自有商铺、合作方商铺和批发商。要将一种价值主张推向市场,找到正确的渠道组合并以客户喜欢的方式与客户建立联系显得至关重要。在渠道选择上,企业既可以选择使用自有渠道与客户建立联系,也可以选择合作方的渠道,或者两者兼用。

　　自有渠道可以是直接的,如内部销售团队或者网站;也可以是间接的,如该组织名下的或负责运营的零售商店。合作方渠道是间接的,并且范围很广,比如批发分销渠道、零售渠道或者合作方运营的网站。虽然使用合作方渠道获取的利润更低,但这些渠道可以帮助一个企业拓展客户的范围,并且从合作方的优势中获益。自有渠道尤其是直接的自有渠道利润较高,但渠道本身的建立和运营成本也会很高。

　　当前的难点在于,如何整合各种类型的渠道,并找到最佳平衡点,以此创造最佳的客户体验和最大化的收益。

(四)客户关系(Customer Relationships,CR)

　　客户关系描述的是一家企业针对某一个客户群体所建立的客户关系的类型。这部分需要回答几个问题:每一个客户群体期待与我们建立并保持何种类型的关系?我们已经建立了哪些类型的关系?这些关系类型的成本如何?这些客户关系类型与商业模式中其他的模块是如何整合的?

　　企业需要明确针对每一个客户群体想要建立的关系类型。从依靠人员维护的传统客户关系,到借助自动化设备与客户进行交互,都属于客户关系范畴。客户关系通常是由以下动机驱动:开发新的客户,留住原有客户,增加销售量(或提高产品单价)。

我们将客户关系分为几种类型,这些类型可能同时存在于企业与某个客户群体的客户关系中。

(1)私人服务(personal assistance)。这种客户关系是基于人际互动展开的。客户可以与客户代表进行交流并在销售过程中及购买完成之后获得相应的帮助。这种互动可以发生在购买的现场,也可以通过呼叫中心、电邮或其他渠道进行。

(2)专属私人服务(dedicated personal assistance)。这种客户关系要求为每一个客户指定一个固定的客户经理。这是一种最深层且最私人的客户关系类型,通常需要很长时间的培育。比如私人银行服务,为高净值客户指定专门的银行经理。类似的客户关系也可以在其他行业中找到,比如大客户经理负责维系与重要客户的私人关系。

(3)自助服务(self-service)。在这种客户关系中,企业无须直接维护与客户的关系,只需为客户提供一切自助服务所需要的渠道。

(4)自动化服务(automated services)。此类型的客户关系将相对复杂的客户自助服务形式与自动化流程相结合。比如个人在线资料使得客户可以获得定制化的服务。自动化服务可以识别客户身份及其特征,并匹配预订单和交易内容信息。最好的自动化服务甚至可以模仿人际交往(比如推荐书或电影)。

(5)社区(communities)。企业开始越来越多地利用用户社区融入客户群体,以预判市场未来发展的方向,促进社区中成员之间的联系。许多企业搭建在线社区,方便用户交流知识,互助解决问题。同样地,社区可以帮助企业更好地了解客户。制药行业巨头葛兰素史克(GlaxoSmithKline)在推出非处方减肥产品奥利司他(alli)之初,就同时发布了该产品的用户专属在线社区,借此深入了解体重超重的成年人所面临的挑战,更好地管理客户预期。

（6）与客户协作，共同创造（co-creation）。更多的企业开始突破传统的买卖关系，与客户合作共同创造价值。亚马逊邀请其客户撰写书评，以此为其他书友提供参考。有的企业吸引用户共同设计新产品，比如 You-Tube.com，向用户征集内容再向公众展示。

（五）收入来源（Revenue Streams，RS）

收入来源代表了企业从每一个客户群体获得的现金收益，即须从收益中扣除成本得到利润。产品如何盈利，是每款产品发展到特定阶段必须回答的问题。究竟何种价值是让客户真正愿意为之买单的？客户目前正在为之买单的价值主张是哪些？客户目前使用的支付方式是什么？客户更愿意使用的支付方式是什么？每一个收益来源对于总体收益贡献的比例是多少？

如果说客户构成了一个商业模式的心脏，那么收益来源便是该商业模式的动脉。企业需要自问，每一个客户群体真正愿意为之买单的究竟是什么？成功回答这一问题可以使得企业在每一个客户群体中获得一两种收益来源。每一个收益来源中可能包含不同的价格机制，比如固定目录价、议价、竞价、根据市场浮动的价格、根据购买数量浮动的价格，以及收益管理系统（定价）。

一个商业模式可能包含的收益来源分为两种不同的类型：交易收入，由客户一次性支付产生；持续收入，因向客户传递了新的价值主张或提供了售后支持而带来的客户持续支付。

创造收入来源的方式有很多种，具体包括：

（1）资产销售（asset sale）。最普遍被认知的收入来源就是出售实物产品所有权，如京东通过网站销售图书、音乐、消费类电子产品等商品。

（2）使用费（usage fees）。这一收入来源是因使用某种具体服务而产生的。对该服务使用得越多,消费者支付的费用就越多。例如,电信运营商按照用户使用电话的分钟数收费;快递公司把包裹从某地投送到另一地,并向客户征收每个包裹的费用。

(3)会员费(subscription fees)。这种收入来源是通过向用户销售某项服务持续的使用权限来实现。例如,健身房向用户销售月卡或年卡以限定会员对健身器材的使用时限;网络游戏用户每月要交纳一定的会费等。

(4)租赁(lending/renting/leasing)。这种收入来源产生于将某一特定资产在某一个时期专门供给某人使用并收取一定费用。对出租者而言,这种做法提供的是经常性收入。对于租赁者而言,只需要承担一个限定时间内的费用而无须承担购买整个资产所有权所耗费的成本。

(5)许可使用费(licensing)。这种收入来源是向用户授予某种受保护知识产权的使用权,并向其收取许可使用费。许可使用费使得资源持有者无须生产产品或进行任何商业化操作,而仅凭其对资源的所有权获取收益。许可使用费在传媒行业十分常见,内容所有人通常持有版权,然后将使用权提供给第三方。同样在科技产业中,专利持有者将专利使用权授予给其他公司使用并收取专利使用费。

(6)经纪人佣金(brokerage fees)。这种收入来源于向双方或多方提供中介服务所获得的收入,如房产中介或房产经纪人会因每次成功地促成一对买家和卖家而获得佣金。

(7)广告费(advertising)。这种收入来源是为某种产品、服务或品牌做广告的费用。传统的传媒业和活动策划的收入很大程度上依赖广告的收入。近些年,其他产业包括软件业和服务业也开始更多地依赖广告收入。

(六)核心资源(Key Resoures,KR)

核心资源描述的是保证一个商业模式顺利运行所需的最重要的资

产。每一种商业模式都需要一些核心资源,这些资源使得企业得以创造并提供价值主张,获得市场,保持与某个客户群体的客户关系并获得收益。这部分必须回答的问题包括:价值主张需要哪些核心资源?分销渠道需要哪些核心资源?客户关系的维系需要哪些核心资源?收入来源需要哪些核心资源?

不同类型的商业模式需要不同的核心资源。一个微芯片制造商需要的是资本密集型的生产设备,而微芯片的设计则更聚焦于人力资源。核心资源可包括实物资源、金融资源、知识性资源以及人力资源。核心资源可以是自有的,也可以通过租赁获得,或者从重要合作伙伴处获得。

核心资源可以分为如下几类:

(1)实物资源(physical)。这一范畴包括实物资产,如生产设备、房屋、车辆、机器、系统、销售点管理系统及分销渠道。

(2)知识性资源(intellectual)。品牌、专营权、专利权、版权、合作关系以及客户数据库等知识性资源在一个强大的商业模式中扮演着越来越重要的角色。知识性资源获得不易,一旦成功获得将可能创造巨大的价值。

(3)人力资源(human)。每一家企业都需要人力资源,但人力资源对于某些商业模式而言尤其重要。比如,在知识密集型产业和创新产业中,人力资源就是最关键的。

(4)金融资源(financial)。有些商业模式依赖金融资源或金融保障,比如现金、信用额度或者用于吸引关键雇员的股票期权池。举个例子,电信运营商爱立信在自己的商业模式中加入金融杠杆。爱立信可以选择向银行或资本市场融资,然后将收益的一部分用于为购买设备的客户提供卖方融资服务,通过这种方式,就更好地保证了订单落入自家,而非竞争对手手中。

（七）关键活动（Key Activities,KA）

关键业务描述的是保障其商业模式正常运行所需做的最重要的事情。每一种商业模式都有着一系列的关键业务。这些业务是一个企业成功运营所必须采取的最重要的行动。同核心资源一样,它们是企业为创造和提供价值主张、获得市场、维系客户关系以及获得收益所必需的。并且,同核心资源一样,关键业务也因不同的商业模式类型而异。对于软件商而言,关键业务就是软件开发。对于电脑生产商而言,关键业务则包含了供应链管理。对于咨询公司而言,关键业务包括提供解决方案。

关键业务可以分为以下几类:

(1)生产(production)。这些活动以较大的数量或上乘的质量,设计、制造以及分销产品。生产活动在制造企业的商业模式中占支配地位。

(2)解决方案(problem solving)。这个类型的关键活动涉及为个体客户的问题提供新的解决方案。咨询公司、医院及其他服务性机构的运营,就是典型地受解决问题相关的活动支配的例子。这类商业模式需要开展知识管理以及持续的培训等。

(3)平台/网络(platform/network)。在将平台作为关键资源的商业模式中,与平台以及网络相关的关键活动占据主导地位。网络、配对平台、软件甚至品牌都可以发挥平台的作用。这个类型的关键活动涉及平台管理、新服务的启动以及平台的升级。比如易贝(eBay)的商业模式要求企业不断地发展和维护它们的平台——易贝的网站(eBay.com)。

（八）重要伙伴(Key Partnership,KP)

重要伙伴描述的是保证一个商业模式顺利运行所需的供应商和合作伙伴网络。谁是我们的关键合作伙伴？谁是我们的关键供应商？我们从重要伙伴那里获得了哪项核心资源？我们的重要伙伴参与了哪些关键业务？

有很多原因使得一家企业需要构建重要合作，而重要伙伴在许多商业模式中逐渐承担起基石的作用。企业通过建立联盟来优化自身的商业模式、降低风险或者获得资源。

我们将重要伙伴分为以下四种不同的类型：

(1)非竞争者之间的战略联盟；

(2)竞争者之间的战略合作；

(3)为新业务建立合资公司；

(4)为保证可靠的供应而建立的供应商和采购商关系。

建立重要伙伴关系的动机一般包括以下三种：

(1)优化资源配置及规模效应。最基本的一种合作关系或者买卖关系的类型就是以优化资源以及活动的配置为目的的。一家公司难以拥有全部所需资源并独自完成所有的生产、服务环节。此类合作关系的建立通常是为了降低成本，主要采取外包或基础设施共享的方式。

(2)降低风险和不确定性。竞争环境以不确定性为特征，合作关系的建立可以帮助企业在竞争环境中降低风险。互为竞争对手的企业在某一个领域建立战略联盟，而在其他领域保持竞争关系的做法是很常见的。

(3)特殊资源及活动的获得。很少有公司拥有其商业模式下所需的全部资源或者独自完成所有的生产服务活动。更多的情况下是通过依赖其他占有某项资源或专注于某种生产活动的公司来实现其能力的拓展。这种类型的合作关系的动机在于获得知识、资质或者接近某个客户群体。例如，移动电话生产商通常会选择为它们的手机搭载成熟的操作系统，而不会选择自主研发；保险公司可能会选择独立的保险中介商销售保险产品，而不会自建销售团队。

(九)成本结构(Cost Structure,CS)

成本结构描述的是运营一个商业模式所发生的最重要的成本总和。商业模式中最重要的固有成本是什么？最贵的核心资源是什么？最贵的关键业务是什么？

创造和传递价值，维护客户关系，以及创造收益都会发生成本。在确定了核心资源、关键业务以及重要伙伴的情况下，成本核算就会变得相对容易，尽管有些商业模式相对于其他商业模式而言更加成本导向化。

诚然，成本最小化是所有商业模式的诉求。但低成本结构在某些商业模式中显得尤为重要。因此，可以实用地将商业模式的成本结构宽泛地分为两个等级——成本导向型和价值导向型，许多商业模式的成本结构是处于两者中间。

(1)成本导向型(cost-driven)。成本导向的商业模式聚焦于最大限度地降低成本。这种方式的目标在于创造并维持极尽精简的成本结构，采取的是低价的价值主张、自动化生产最大化以及广泛进行业务外包。廉价航空，如西南航空、易捷航空和瑞安航空就是成本导向型商业模式的典型代表。

(2)价值导向型(value-driven)。有些企业在商业模式设计中，很少关注成本，而更多地关注价值创造。通常更高端的价值主张以及高度的个性化服务是价值导向型商业模式的特点。如豪华酒店，其奢华的设施及专属的服务属于此范畴。

成本结构有以下特点：

(1)固定成本(fixed costs)。不因产品及服务的产量而改变的成本，包括员工工资、租金、生产设备。有的商业项目，比如生产型企业往往具有高比例的固定成本。

（2）可变成本（variable costs）。随着产品及服务的产量呈同比例变化的成本。有的商业活动项目，比如音乐节，具有高比例的可变成本特征。

（3）规模经济（economies of scale）。企业的产出扩大，会带来成本优势。例如，大型企业享有大宗商品采购价。诸如此类的因素导致随着总产出的增加，平均单位成本降低。

（4）范围经济（economies of scope）。企业的经营范围扩大，会带来成本优势。例如，在大型企业中，同一个营销活动或分销渠道可以供多个产品使用。①

三、商业画布案例解析

（一）抖音的商业画布分析（见表3）

1. 客户细分

抖音用户可以分为内容消费者和内容生产者两类。

内容消费者中，首先是一二线城市用户，在广告推广、电商消费、直播打赏和潮流引导等方面具有更多的优势。同样一条广告，在北上广做定向推广的费用与在甘陕宁的推广费用是完全不同的，北上广的推广价格比甘陕宁要高许多，所以拥有更多的一二线城市用户可以给平台带来更多利润。其次是18—30岁的年轻用户，通常年轻用户会花费更多的时间在娱乐上。最后是女性用户。对比男性用户，女性用户更优质，女性用户

---

① 亚历山大·奥斯特瓦德.商业模式新生代（经典重译版）[M].北京：机械工业出版社，2016.

更加热衷模仿热门视频投稿,在抖音上"炫娃",且更容易从内容消费者转换成内容生产者。

从内容生产者来看,普通创作者(UGC)、专业创作者(PGC)、明星以及娱乐综艺节目制作方贡献了绝大多数视频内容。

表3　抖音的商业画布

重要伙伴	关键业务	价值主张	客户关系	客户细分
①投资人②应用市场③MCN公司④广告主	①短视频②直播③电商(直播+短视频)　　**核心资源**①技术产品人力资源②高价值的创造者③MCN/创作者运维	①定制化的优质内容推荐平台②高收益的内容共创平台③易用的内容创作平台	内容消费者:定制化的视频娱乐平台/网购平台内容生产者:视频直播共创平台　　**渠道通路**　　App/PC	内容消费者:①一二线城市用户②18～30岁年轻用户③女性用户　　内容生产者:①普通创作者②专业创作者③明星④综艺节目制作方
成本结构			**收入来源**	
①人力成本②服务器成本③推广拉新成本④创作者奖励成本			①广告②电商抽成③抖+④直播打赏	

2.价值主张

对于内容消费者来说,定制化的优质内容是用户选择的理由,刷抖音不仅可以获得快乐,也适合消磨时间。

对于专业创作者而言,抖音提供了一个内容共创平台,创作者可以选择平台的热门事件进行创作,而热门视频也会引发更多创作者拍摄同款,所以共创平台指的是创作者可以在平台上互相关注、学习创作。此外,专业的创作者可以从平台中获得极高的收益,高粉丝、高点赞的账号可以从广告推广、购物车卖货、直播电商等途径实现收益。

对于普通创作者而言,抖音的视频拍摄功能简单易用,美颜功能智能高效,视频特效有趣实用。这些都是为了降低视频的生产门槛,让越来越多的人享受到创作短视频的乐趣。

3.渠道通路

主播或者专业创作者可以使用电脑进行创作,内容消费者和普通创作者可以直接使用 App 畅享各项功能。

4.客户关系

对内容消费者来说,抖音是个娱乐平台,也是一个电商平台。对内容创作者来说,抖音是视频创作工具,也是内容变现平台。

5.关键业务

短视频是产品吸引用户,维持运营的根本,也是让人上瘾的源头。

直播吸引用户的能力远不及短视频,但在现金流贡献这个维度上更有优势。直播打赏的虚拟礼物几乎是没有成本的,加上直播电商,持续帮助平台把流量变成流水。

6.核心资源

抖音的核心资源包括技术产品、人力资源、高价值的创作者和 MCN/创作者运维。平台盈利的基本逻辑是通过平台的自身优势吸引优质的内容创作者,进而用优质的内容吸引用户(消费者),最终实现平台的盈利。这个过程中,平台的功能和优势是由技术产品运营等人力资源决定的,而内容创作者是平台最重要的资源,如何锁住高价值的创作者以及头部的MCN 公司是平台必须思考的。

7. 重要伙伴

重要伙伴一共有四类，公司的投资人、App 推广所需的应用市场、MCN 公司和广告主。

8. 成本结构

抖音的成本大部分来自公司运营的人力成本、服务器使用成本、推广拉新成本和创作者奖励成本。

运营成本可以随着业务的增长与收缩，通过招人或者裁员达到平衡。服务器成本虽然属于固定支出，但也可以在业务突增时增加租赁服务器的数量，在业务收缩时减少租赁的服务器，以规避资源浪费。创作者奖励本身就是平台设定的一种规则性奖励，可以通过合理计算控制投入产出比。这四类成本中只有推广拉新成本是最容易引发亏损，这部分的大额开支吸引来的并不一定是优质用户。如果能严格控制推广拉新成本，产品的整体成本是可控的。

9. 收入来源

平台的核心业务决定了收入来源。首先是抖音作为一个内容分发平台，核心收益必然是信息流广告业务。其次是在电商业务中，按照交易金额分成所得的收入。再次是创作者为自己视频买流量的付费渠道"抖＋"[1]。最后是直播间的虚拟礼物打赏。[2]

---

①抖音的"抖＋"是一种视频和直播间加热工具，旨在帮助用户通过付费方式增加视频或直播的曝光量，提升视频的点赞、评论量，增加粉丝和主页流量，以及提升直播间的人气、观众互动等。

②摘自 @长弓天明 原创发布于"人人都是产品经理"。

（二）B站的商业画布分析（见表4）

表4　B站的商业画布

KP 重要合作	KA 关键业务	VP 价值主张	CR 客户关系	CS 用户细分
①广告合作伙伴 ②内容创作者 ③影视制作公司 ④游戏开发商 ⑤音乐制作公司 ⑥电商平台 ⑦教育机构 ⑧其他	①直播 ②游戏 ③广告 ④电商 ⑤漫画 ⑥电竞 **核心资源** ①番剧 ②鬼畜 ③弹幕文化	①亚文化输出 ②拥抱主流文化	①娱乐平台 ②游戏和"鬼畜"视频的优质创作平台 ③原创音乐社区平台 **CH 渠道通路** ①网站 ②客户端 ③线下漫展活动 ④直播 ⑤Vlog	①ACG 群体 ②Z 世代群体的整体覆盖

CS 成本结构	RS 收入来源
①收入共享分成 ②内容成本 ③服务器和宽带成本 ④IP 衍生品和其他成本 ⑤员工成本	①会员收入 ②游戏收入 ③广告收入 ④电商收入 ⑤直播收入

1.客户细分

在客户细分层面,B站正在努力实现对 Z 世代群体的整体覆盖。Z世代群体指在 1995—2009 年出生的互联网原住民,具有年龄包容性、在线化、低技术门槛、财富影响力下降、文化跨界及创意思维等六大特征。Z世代群体具有个性鲜明的参与意识,秉持人以群分的社交理念,呈现出真实自然的消费偏好和先睹为快的兴趣消费。[①] 此前,B 站主要面向 ACG (Animation、Comics、Games,ACG)群体,主打网络亚文化,力图通过供给优质的动画、漫画和游戏吸引二次元文化爱好者聚集,而后凭借弹幕文化、Cosplay 文化、漫展等方式增强用户黏性和活跃度,延长用户驻留时间。ACG 爱好者以青少年为主,用户黏性较强,付费意愿较强,但消费能力偏弱。如今,B 站内容已扩展至影视、音乐、体育、旅游、数码、军事、汽车等众多领域,正在逐步转型为覆盖 Z 世代群体的文化聚合类平台。

2.价值主张

随着互联网的发展,人际互动的场所从现实社会扩展到了虚拟社区,虚拟社区发生的互动仪式同样可以使参与者获得相似的认知体验和共享情感。作为国内最大的网络亚文化聚集地,B 站曾将输出亚文化视为促进用户互动、提升用户黏性的重要方式。在具有高度同质性的亚文化群体内部,成员之间的频繁互动拉近了情感,也抬高了准入门槛,形成区隔状态。内部成员极易产生情绪发酵、情感共鸣并付诸共同行动。

近些年,B 站也主动拥抱主流文化。B 站推出了多部发扬主流文化和中华优秀传统文化的节目,如 2016 年央视打造的文化纪录片《我在故宫修文物》受到 B 站用户的热捧;《国家宝藏》节目也获 B 站平台的主推,取得了极高的点击量、转发量和评论量。以此为契机,B 站加大对文化类、学习类视频的推广力度,鼓励用户参与文化类、学习类视频的创作和分享,释放 Z 世代群体的文化创造力。

3.渠道通路

B 站的渠道除网站、客户端,主要通过线下漫展活动实现与用户的交

---

① 高菲.Z 世代的短视频消费特征分析[J].新闻爱好者,2020(5):40-42.

流,以扩大 ACG 文化的影响力和受众面。随着发展,B 站逐步将直播、Vlog 作为重要的用户沟通渠道,向用户传递价值观念。

4.客户关系

在客户关系层面,B 站既是一个娱乐平台,也是游戏和"鬼畜"视频的优质创作平台,同时还是原创音乐社区平台。

B 站的视频生产主要分为 PUGV 模式(Professional User Generated Video,专业用户自制视频)和 OGV 模式(Occupationally Generated Video,专业机构生产内容)两种。PUGV 模式是 B 站视频的主要来源,其内容大致分为游戏、音乐、生活、学习和国风等类型。OGV 模式的内容则主要包括国创、番剧、纪录片、综艺等类型。B 站于 2019 年 3 月升级了创作激励计划,增强了对"低质内容"的处理力度。2020 年 7 月,B 站推出了一款高清录屏和视频剪辑 App"必剪"。该 App 具有高清录屏、全能剪辑、海量音乐素材、画面特效、一键投稿等功能,支持人声变声、倒放,为用户提供了便捷的游戏和"鬼畜"视频创作工具。目前,B 站已经成为国内最大的 Vlog 社区,跻身国内头部游戏视频平台和原创音乐社区。

5.关键业务

直播、游戏、广告、电商、漫画和电竞是 B 站的关键业务,这些业务正处于转型升级中。广告、电商和漫画是 B 站之前的主要营收渠道,随着 B 站转型发展,"直播＋游戏＋电竞"正成为 B 站扩展用户覆盖面的重要途径。B 站在游戏和电竞直播领域的竞争对手主要分为三类,一是以腾讯、网易为代表的互联网游戏巨头;二是以斗鱼、虎牙为代表的游戏直播平台;三是以抖音、快手为代表的短视频平台。从制作能力和用户基础方面分析,B 站相较腾讯和网易均处于劣势地位,但 B 站在电竞直播领域的MAU(月活跃用户数)超过了"斗鱼"和"虎牙",且在电竞直播领域的用户黏性上优于抖音和快手。

6.核心资源

番剧、鬼畜、弹幕文化是 B 站的核心资源。

番剧是 B 站 ACG 文化的重要体现,也是 B 站内容资源的核心组成部分。B 站的番剧在内容模式、盈利模式和营销模式方面都存在明显短板。在内容模式方面,B 站着力提供原创内容生产环境,加大对"低质内容"的处置力度,以期实现从视频搬运到视频原创的转变。在盈利模式方面,B 站从会员固定价格收费模式转变为分段弹性收费模式,以增强用户消费意愿。在营销模式方面,B 站正着力开发虚拟偶像,借助计算机技术将现有的吉祥物开发为虚拟偶像。此外,B 站也将视频画质升级至 4K、120 帧,并且支持 360 度全景视频体验。

"鬼畜"视频是 B 站的社区特色之一,然而鬼畜视频存在较高的制作门槛。基于此,B 站专门发布了"必剪"App,用户通过简单的操作就能制作并上传"鬼畜"视频。

B 站的特色是悬浮于视频上方的实时评论,即弹幕。参与式文化背景下,受众不但参与了媒介文本的文化消费,而且参与了其生产与流通的过程。弹幕视频的参与式文化具有文化与市场增值的双重功效。

7.重要伙伴

B 站的重要伙伴包括广告合作伙伴、内容创作者、影视制作公司、游戏开发商、音乐制作公司、电商平台、教育机构等。

具体来看,B 站与多家广告公司、品牌和广告主合作,进行品牌推广和营销活动;与众多 UP 主(内容创作者)合作,提供创作支持和激励计划,鼓励高质量内容的创作;与各大影视制作公司合作,引进和推广国内外优秀的影视作品,如云集将来、狮林影视、中影年年、潜影文化等;与游戏类企业合作,提供游戏推广和直播服务,吸引游戏爱好者的关注,如哔哩哔哩电竞、线下漫展运营方魔都同人祭、BiliBiliyoo 和猫布丁文化等;与音乐制作公司合作,推广音乐作品和举办音乐活动,包括度文化、米漫传媒、禾念信息等;与电商平台合作,进行商品推广和电商直播;与教育机构合作,提供在线教育内容和课程。此外,B 站还积极参与各种文化活动和公益项目,与政府机构、非政府组织、社会团体等合作,推动文化传播和社会发展。

8.成本结构

B 站的成本主要来自收入共享分成、内容成本、服务器和带宽成本、IP 衍生品及其他成本、员工成本。其中,"收入分成成本"包括给游戏开发者的分成,渠道成本(应用商店)和支付处理费用,直播收入分成和创作者相关的收入分成。"内容成本"包括自制内容成本和内容采买的成本。"IP 衍生品及其他成本"包括 IP 衍生品相关成本,折旧和其他。①

9.收入来源

B 站的收入来源主要包括会员收入、游戏收入、广告收入、电商收入和直播收入。

---

①B 站 2023:全年收入 225 亿元,花 24 亿买内容,备案 116 部动画[EB/OL]. (2024-03-08)[2024-12-06]. https://baijiahao. baidu. com/s? id＝1792927735007464229&wfr＝spider&for＝pc.

第五章　创业环境分析

第一节　创业环境概述

创业环境分析是发现创业机会的基础,是进行创业可行性分析的前提。随时变化的环境,能给创业者带来机遇,也能给创业者造成威胁。创业者必须明晰宏观、微观、行业等各种环境因素及其发展趋势,以及它们对具体行业、企业的影响是限制性的还是促进性的。只有这样,创业者才能抓住机遇,规避重大威胁,实现成功创业。

一、创业环境的概念

所谓创业环境,是指围绕创业者的创业和发展的变化,并足以影响或制约创业行为的一切外部条件的总和。一方面指影响人们开展创业活动的所有政治、经济、社会文化诸要素;另一方面指获取创业帮助和支持的可能性。

创业环境是这些因素相互交织、相互作用、相互制约而构成的有机整体。创业者的创业过程并不只依靠某一方面的推动,也不只是某一种因素作用的结果,它的运作需要环境各方面的支持。

二、创业环境的分类

创业环境可以从多个角度进行分类。其基本的分类如下：

（一）按创业环境的构成要素分类

从宏观层面看,创业环境可以分为经济环境、政治法律环境、科技因素、商务环境、教育环境、社会文化环境以及自然环境等几个方面。

（二）按创业环境的层次分类

创业环境是有层面的,形成一个分级系统,包括宏观环境、中观环境和微观环境。

1.宏观环境

宏观环境又称一般环境,是指影响一切行业和企业的各种宏观力量。不同行业和企业根据自身特点和经营需要,都会涉及政治(Political)、经济(Economic)、社会(Social)、技术(Technological)这四大类因素。因此,在战略研究中,宏观环境分析通常被称为 PEST 分析。

2.中观环境

中观环境又称行业环境,是指提供同一类产品(或服务)或提供具有可替代性产品(或服务)的企业群体。行业分析的内容包括行业的生命周期阶段、进入与退出障碍、需求及竞争状况、主导技术的发展趋势及行业的发展前景。

3.微观环境

微观环境是指企业的顾客、竞争者、营销渠道和有关公众等对企业营销活动产生直接影响的各种因素。创业环境的微观因素是决定企业生存和发展的基本环境因素,除了企业能够直接控制的内容环节,还包括企业生产的产品或服务的性质、特点,以及它们在国民经济中所起作用的不同而形成的行业。这是企业生存与发展的具体环境,创业者应特别重视对创业环境的微观因素分析,需深入研究市场、行业等。

(三)硬、软环境之分

硬环境指创业环境中有形要素的总和,如基础设施、自然区位和经济区位;软环境指无形的环境要素总和,如政治、法律、经济、文化环境等。

硬环境是创业的物质基础,软环境在创业过程中变得越来越重要,而且在一定时期内,硬环境的变化是有限度的,而软环境的改善能够弥补硬环境的缺陷,提升硬环境的效用,最终成倍提升整体环境的竞争力。

第二节　宏观环境分析

宏观环境对企业的影响作用是间接的,但也是巨大的,因为这些因素是企业无法控制的。因此,创业者必须了解或熟悉相应的宏观环境因素,以适应环境,把握机遇。

一、政治环境

与创业活动密切相关的政治环境,主要包括政治局势、国家政策等,它们是企业生存发展的前提条件之一。

1. 政治局势

政治局势是指一国政局的稳定程度,包括与邻国的关系、边界安定性、社会安定性等。

2.国家政策

国家政策是任何一个企业都必须遵守的准则,当国家在一定范围内调整或改变某项政策时,企业要相应调整经营目标和策略,因为政策分析是制定企业发展规划的基础,涉及信贷政策、税收政策、财政补贴政策、技术创新政策等。

各种政策有一定的稳定性,创业者应对各种政策的稳定性做出合理的预期,以便更好地在国家政策允许的范围内从事创业活动。但由于各种条件总在不断地变化,政策的制定者要根据变化的环境重新制定、调整或修订政策,这使得政策总有一定的变动性。创业者应对各种政策的变化趋向,作出合理的预判,分析各种政策是否会一直向有利的方向发展。

二、经济环境

经济环境包括经济结构、经济发展阶段、经济周期、国民收入及其变化趋势,以及资本市场发育程度等因素,它们决定了企业潜在市场的规模大小。

1.经济结构

经济结构是指一个国家或地区的产业结构、分配结构、交换结构、消费结构、技术结构以及所有制结构等。其中,产业结构与新创企业的关系最为密切,如果一国(地区)的产业结构处于升级阶段,则会涌现出较多的创业机会。

2.经济发展阶段

企业的经营活动要受到一个国家或地区整体经济发展阶段的制约。以消费品市场为例,处于经济发达阶段的国家,较重视产品的基本功能,同时也比较强调产品的款式、性能与特色;而处于经济欠发展阶段的国家,则比较侧重产品的基本功能和实用性,价格竞争在这类市场中具有一定的优势。

3.经济周期

经济周期是现代社会发展过程中不可避免的经济波动,包括繁荣、萧条、衰退、复苏四个阶段。在经济周期中,经济波动几乎会影响所有部门,造成产量、就业、物价水平、利率等的变动。一般来说,经济周期的不同阶段都可能产生创业机会,但是由于经济总量与经济结构在萧条、衰退阶段处于相对的收缩状态,因而不利于开展创业活动;在经济复苏、繁荣阶段,经济活动十分活跃,因而有利于新创企业的发展。

4.国民收入

国民收入是一个国家物质生产部门的劳动者在一定时期内所创造的价值总和,反映了一个国家的经济发展水平。人均国民收入是每年平均每人的收入,反映了一个国家消费品市场的平均水平。居民个人收入包括每人的工资、奖金、津贴、退休金、红利、租金、赠与等从各种来源所得的全部货币收入,反映了消费者的购买力水平。从个人收入中扣除直接支付税款及非税性负担后所剩的收入才是个人可支配收入,再从中扣除维持生活所必需的支出,如食品、固定费用、水电费、分期付款、学费、托儿费、抵押借款等后所剩余的收入才是个人可随意支配收入。所有家庭成员个人收入的总和构成家庭收入。根据恩格尔定律,随着家庭收入的增加,用于购买食品的支出占家庭收入的比重下降,用于住宅、建筑和家务经营的支出占家庭收入的比重大体不变,用于其他方面,如服装、娱乐、交通、卫生保健、教育等的支出占家庭收入的比重会上升。

5.资本市场

资本市场在现代经济中具有重要地位,是融通资金、调节投资的主渠道,其发展状况决定着企业可获得资本的数量和取得资金的难易程度,尤其对于新创企业而言,资本市场是决定其能否渡过初创期的资本障碍,从而进一步发展壮大的关键所在。

三、社会环境

社会环境包括人口结构、社会文化环境等关键要素。

1.人口结构

人是市场的主体,是企业经营活动的基础和最终对象,人口状况的变化意味着市场规模的变化、市场结构的变化。人口总数及其增长速度决定了潜在和现实市场的规模,但居住在不同地区的人群,由于地理环境、气候条件、自然资源、风俗习惯的不同,消费需求的种类和数量不尽相同,购买习惯与行为也存在差别。同样,年龄结构不同,对商品和服务也会产生不同的需求,形成各具特色的市场;性别不同,不仅需求不同,而且购买习惯与行为也有很大差异。

2.社会文化环境

任何企业的经营活动都必须处于一定的社会文化环境中。所谓社会文化环境,是指一个国家、地区或民族的传统文化,通常由价值观念、信仰、风俗习惯、行为方式、社会群体及相互关系等内容构成。社会文化环境是影响人们欲望和行为的重要因素。人们在不同的文化背景下生活,形成不同的观念和信仰,遵循不同的行为规范,因而也具有不同的消费理念,从而导致不同的购买行为。企业只有全面了解,认真、准确地判断和分析消费者所处的社会文化环境,才能较准确地把握消费者的需求,正确选择自己的目标市场。

四、科技环境

科技环境包括社会科技水平、社会科技力量、国家科技体制、国家科技政策和科技立法，它们直接或间接地影响着创业活动以及新创企业的生产经营，因为科学技术的发展决定社会生产力水平，一种新科技的出现，必然导致新的产业部门的出现，使消费对象的品种不断增加，范围不断扩大，进而使消费结构发生变化。

五、自然环境

创业者考察自然环境的目的是分析周围的环境及资源是否适合创业项目的发展，能否提供该行业所需的资源条件。同时，随着人们环保意识的增强，可持续发展已成为全球关注的战略议题，许多国家或地区已经制定了相关的环境保护法规。因此，创业者必须顺应可持续发展战略的要求，在生产经营中保证不破坏自然环境、不浪费资源，以实现企业利益、消费者利益、社会利益及生态环境利益的协调统一。

六、法律环境

市场经济条件下，法律是规范企业经营行为的准则，国家的法律法规，特别是关系到经济活动的立法，不仅规范企业的行为，而且会使消费需求数量和结构发生变化，能鼓励或限制某些产品的生产和销售。对于新创企业而言，首先，要了解我国的基本法律环境，例如《中华人民共和国企业法人登记管理条例》等工商管理法规、规章，以及《中华人民共和国合同法》《中华人民共和国担保法》《中华人民共和国票据法》《中华人民共和国商标法》《中华人民共和国专利法》《中华人民共和国著作权法》等基本民商法律以及行业管理的规章。其次,创业者不仅要熟悉我国的法律法规,而且要了解相关国际贸易规则与惯例,在与外国资本进行生产、经营、投资合作时,还需了解所在国的反垄断法、反倾销法、劳动法及有关产品安全等方面的法律规定。

第三节　行业环境分析

不同的行业由于所处的发展阶段不同,行业的特征以及经济特性都是不同的。这些特性将直接决定企业所选择进入的行业,以及所要生产的产品能否为企业带来可观的利润,甚至关系企业的生死存亡。行业分析的目的在于了解行业基本竞争情况及潜在的发展机会,助力创业者做出正确的投资决策,尽量避免投资失误和资源浪费。

一、行业的发展阶段

每一个行业发展所经历的周期可以分为四个阶段:孕育阶段、成长阶段、成熟阶段和衰退阶段。

在孕育阶段,行业生产的关键技术尚处于研制过程中,消费群体不明确且规模很小,在这个阶段,存在大量的创业机会,先进入者拥有制定行业、生产、技术标准的优势,但同时也存在很大技术风险、市场风险。到了成长阶段前期,行业刚刚形成,现有企业规模小、产品少,但给创业者的机会多。随着关键技术逐渐成熟,企业纷纷进入,行业规模迅速扩大,投放到市场上的产品数量大、品种多。由于这一阶段的市场需求增长较快,所以带给创业者较大的机会。成熟阶段是行业稳定发展的阶段,企业间竞争激烈,实力弱的企业或被兼并或被淘汰出局,实力雄厚的大企业拥有较高的市场占有率。由于需求已趋于稳定,这一阶段留给创业者的机会十分有限。最后是衰退阶段,这是行业逐渐消亡、衰落的阶段,许多企业纷纷退出,由于市场需求持续下降,原有产品逐渐被新产品替代,这一阶段的市场机会微乎其微,创业者应尽量回避。

行业发展的四个阶段带来的市场机会各不相同,其中机会最大的应属行业的成长阶段,因此创业者应该尽量在此阶段进入。

二、行业的进入壁垒

创业者进入一个行业之前,必须对进入这一行业的障碍有所把握。一个行业的进入壁垒越高,潜在进入者就越难进入。一般来说,影响或阻碍潜在企业进入的行业壁垒主要有以下方面。

1. 规模经济

无论进入哪一个行业,创业项目都必须具备相应的生产规模,否则难以达到一定的盈利水平。

2. 产品差异

所谓产品差异是顾客对某产品所形成的消费偏好。如果存在诸如品牌偏好、风俗偏好或口味偏好这样的产品差异,新进入的企业要耗费大量的成本费用用于品牌建设、产品定位、广告宣传等工作,以产生新的产品差异,改变顾客对现有品牌的忠诚度。不然,企业将无法销售其产品,甚至导致经营亏损。

3. 顾客品牌转移难度

顾客的品牌转移难度指顾客对老品牌的信任和偏爱的程度,顾客对于熟悉品牌的依赖程度越高,就越难接受新品牌或根本不进行尝试,这样的行业是难以进入的。

4.所需投资量的大小

进入某一行业所需的投资量的大小,除由行业最低经济规模和合理经济规模决定,还由该行业技术复杂程度决定。当一个行业所要求的生产经营技术越复杂、技术难度越大时,则进入的企业在新产品开发、试制生产和商品化工作方面需要的费用也就越多。所需投资越大,该行业就越难进入。

5.转换成本

转换成本不仅包括进入一个新的行业在固定资产、工艺设备的改造和原材料供应转换以及新员工培训等方面所花费的费用,而且包括心理转换成本。所谓心理转换成本,是指新进入企业往往需要比现有企业提供更好的产品、更低的价格,或者给予顾客更多的免费服务项目,否则难以使顾客接受新产品。心理转换成本越高,该行业就越难进入。

6.销售渠道限制

如果进入一个行业不能利用原有的销售渠道,就必须花费一定的费用建立新的销售渠道。这方面的费用越高,该行业就越难进入。

7.资源的稀缺性

如果某一行业所使用的资源,如原材料、劳动力、设备等供应充足,就比较容易进入;相反,在资源短缺的行业,新企业的加入则意味着该行业的资源更加短缺。这种稀缺性越强,该行业就越难进入。

8.技术进步速度

技术进步的速度将直接影响产品的生命周期,而企业能否跟上技术进步的速度则直接决定了其产品能否在市场上受到消费者的青睐,尤其是对于一些技术含量对产品的影响比较大、技术的更新换代速度比较快的行业,如计算机行业,企业能否跟上技术进步的步伐决定了企业的生死存亡。一个行业的技术进步步伐越快,新产品替代老产品的时间越短,该行业就越难进入。

<h2 style="text-align:center">第四节　创业环境分析方法</h2>

一、SWOT 分析法

SWOT 分析法,又称 TOWS 分析法,它根据公司拥有的资源,分析公司内部的优势与劣势以及公司外部环境的机会与威胁,进而分析公司的经营机会和风险,从而为公司选择恰当的战略。我们需要使用 SWOT 分析法分析项目和团队情况,并持续跟踪、动态管理,以确保团队成长,使得项目推进符合预期。同时,创业环境的综合分析也常用此法。

SWOT 分析法是分析企业的优势(Strength)、劣势(Weaknesses)、机会(Opportunity)、威胁(Threat)后,将其用矩阵形式呈现。具体内容如下:

S(Strength,优势),是组织机构的内部因素,具体包括有利的竞争态势、充足的财政来源、良好的企业形象、先进的技术力量,规模经济效应、优质的产品质量、可观的市场份额、明显的成本优势和广告攻势等。

W(Weaknesses,弱势),是指在竞争中相对弱势的方面。同时也是组织机构的内部因素,具体包括设备老化、管理混乱、关键技术缺少、研究开发落后、资金短缺、经营不善、产品积压、竞争力差等。

O(Opportunity,机会),是组织机构的外部因素,具体包括新产品、新市场、新需求的产生,市场壁垒的解除、竞争对手的失误等。

T（Threat，威胁），也是组织机构的外部因素，具体包括新的竞争对手加入、替代产品增多、市场规模紧缩、行业政策变化、经济衰退、客户偏好改变、突发事件等。

优劣势分析主要着眼于企业自身的实力及其与竞争对手的对比，而机会和威胁分析则将注意力放在外部环境的变化及对企业的可能影响上。SWOT 分析法可以帮助企业把资源和行动聚集在自己的强项和机会较多的地方，并让企业的战略变得明朗。针对 SWOT 分析法中的机会部分，可以用 PEST 进行分析得到系统的结果；针对其威胁部分，可以用波特五力分析模型得到系统的分析结果。

二、PEST 分析法

PEST 分析法是从政治（Politics）、经济（Economy）、社会（Society）、技术（Technology）四个方面，基于公司战略的眼光来分析企业外部宏观环境的一种方法。公司战略的制定离不开宏观环境，而 PEST 分析法能从各个方面比较好地把握宏观环境的现状及变化趋势，这有利于企业对生存发展的机会加以利用，及早发现并避开环境可能带来的威胁。PEST 分析的内容包括以下四个方面：

政治环境，是指一个国家或地区的政治制度、体制、方针政策、法律法规等方面。这些因素常常影响企业的经营行为，尤其是对企业长期的投资行为有着较大影响。

经济环境，指企业在制定战略过程中须考虑的国内外经济条件、宏观经济政策、经济发展水平等多种因素。

社会环境，主要指企业所处社会中成员的民族特征、文化传统、价值观念、宗教信仰、教育水平以及风俗习惯等因素。

技术环境,是指企业业务所涉及国家和地区的技术水平、技术政策、新产品开发能力以及技术发展的动态等。

三、波特五力分析模型

波特五力分析模型由迈克尔·波特(Michael Porter)于 20 世纪 80 年代初提出,是对企业战略制定产生全球性深远影响的一款模型。该模型用于竞争战略分析,可以有效分析客户所处的竞争环境。"五力"分别是:供应商的议价能力、买家的议价能力、替代品或服务的威胁、新进入者的威胁,以及现有竞争对手之间的竞争力。具体内容如下:

(一)供应商的议价能力

供应商的议价能力指的是供应商对企业的产品或服务价格的影响力。当供应商相对较少时,供应商的议价能力较低,企业可以更好地控制成本,从而提高利润。反之,如果供应商数量众多且唯一性较强,企业将面临供应链稳定性的挑战,供应商可以通过提高价格或以更高的要求压缩企业的利润。

(二)买家的议价能力

买家的议价能力是指买家对企业产品或服务的价格和质量的影响力。如果买家相对较少且集中度较低,企业可以相对较高地定价。反之,如果买家相对较多或集中度较高,他们可以通过讨价还价或与不同供应商的竞争来降低产品价格,从而对企业利润产生负面影响。

(三)替代品或服务的威胁

替代品或服务的威胁是指其他产品或服务可以满足消费者需求、并替代企业的产品或服务的程度。如果替代品或服务数量众多且具有较高的性价比，企业将面临更大的竞争压力。因此，企业需要不断改进产品或服务，以增强与替代品或服务的差异化，从而降低替代品或服务带来的威胁。

（四）新进入者的威胁

新进入者的威胁是指潜在的新企业进入行业给现有企业造成的竞争压力。如果新企业可以轻松进入市场，并且拥有足够的资源和能力与现有企业竞争，那么现有企业的利润可能会受到影响。鉴于此，现有企业需要建立防止新企业的进入的壁垒，如获得专利、建立品牌知名度等。

（五）现有竞争对手之间的竞争力

现有竞争对手之间的竞争力是指行业内已存在的企业在争夺市场份额和利润时的激烈程度。当竞争对手数量众多且竞争激烈时，企业需要通过不断创新、提高产品质量或降低价格来保持竞争力。此外，企业还可以通过建立合作关系、收购竞争对手或与竞争对手进行产品差异化来获得竞争优势。

在分析市场竞争环境时，企业需要综合考虑以上五种力量的影响，并制定相应的竞争策略。通过了解供应商、买家、替代品、新进入者和现有竞争对手之间的关系和竞争动态，企业可以更好地应对市场竞争压力，提高自身的竞争力，从而在激烈的竞争中获得竞争优势。

第六章　搭建自己的团队

第一节　创业者的自我修养

安德鲁·查克阿拉基斯(Andrew Zacharakis),作为美国最具影响力创业课程教授之一,在多年对创业者的研究中发现了成功创业者普遍具备的五个优秀特质,构建了"查克五角星模型"(见图 8)。这一模型普遍被众多投资机构用来识别优秀创业者。

图 8　查克五角星模型

注:五角星中以"知识"打头,然后依次顺时针排列。

1.知识

成功的创业需要知识,并且让知识内化成能力。正如诺贝尔经济学奖得主西蒙所述:"想要在一个领域内成为专家,需要花费十年的辛苦努力,学习五万'块'知识。"西蒙认为,专家有能力识别模式,识别从一个境遇转化成为另一个境遇的模式。正是这种能把各种模式创造性地结合起来的特殊能力,让他们在自己涉足的任何领域都能拥有优势。专业的创业者也要能看清各种发展态势,并将其联系起来,这样创业者才能顺利进军市场并在与其他企业的竞争中取得成功。如果没有直接相关经历,那么就需要构建一个团队,大家技能互补,构建一个完整的创业智囊团。

2.人脉

人脉网络是获取知识的有效途径。一个人的交际圈越大,那么其接触到的知识也就越多。创业者可以把别人拉进自己的团队,或者建立一个所谓的"虚拟团队"。虚拟团队里有会计师、律师、供应商,甚至客户。这些人都可能让你了解更多信息,而且还能在诸多方面提供帮助。比如投资商可以在创业者和客户间"穿针引线",而律师和财会人员则能在创业者和投资商之间"搭桥铺路"。扩大人脉网络是成功的关键因素之一,认识的人越多,越有可能获得更多相关的知识和信息。为了达到这一目的,创业者应该定下目标,每周设定结识五个以上的陌生人。此外,还需要时刻与个人以及专业交际圈保持联系。

3.精力

构建知识体系和交际圈需要投入精力。创办公司需要付出大量的精力,创业者一般都会一周工作60个小时以上,大多数创业者觉得他们从来没有离开过工作。团队成员休息时,创业者依旧在工作,即便躺在床上,或外出度假,创业者也在思考着商业上的事务。假如拥有信仰和激情,那么精力自然就会一直都有。

4.信仰

一个人想要一直拥有精力,就必须有信仰,因为每个人都会遇到艰难时刻。创办企业就好像在乘坐"心情过山车",没有最高只有更高,没有最低只有更低,变化快得让人猝不及防。如果你对自己的商机和理想没有信仰,那么低潮一到,很容易中途放弃。创业者必须相信自己,相信理想。如果没有坚定的目标意识,境遇不顺时,就可能会放弃创业。因此,需要有坚定的目标意识,才能支撑着创业者走下去。

5.激情

五角星的最后一个角也是最重要的一角,代表激情,是创业者的强烈爱好所在。究竟是什么力量驱使着你创业? 创业是为了实现什么愿景? 你有哪些强烈的专业爱好和个人爱好? 不妨问问自己:"如果没人付钱给你,什么事情是你会不计回报去做的?"如果创业仅仅是为了赚钱,那么就会缺乏所需的信仰和精力。

第二节　创业团队的组建

创业者能否走得更远,取决于创业者和创业团队的基本素质。企业的成长是人才成长的集中体现。企业的成功也是人才的成功。组建一支优秀的创业团队对任何创业者而言,都是一项至关重要的工作,它决定着创业的成败。那么,怎样才能组建一支优秀的创业团队呢?

一、组建团队的影响因素

创业团队的组建受多种因素的影响,这些因素相互作用,共同影响创业团队的组建,并进一步影响团队建成后的运行效率。

1. 创业者

创业者的能力和思想意识从根本上决定了组建创业团队的决策。团队组建的时机,以及由哪些人组成团队。创业者只有在意识到组建团队可以弥补自身能力与创业目标之间存在的差距时,才有可能考虑是否需要组建创业团队,以及对什么时候需要引进什么样的人员才能和自己形成互补做出准确判断。

2. 商机

不同类型的商机需要的创业团队的类型不同。创业者应根据自己与商机之间的匹配程度,决定是否组建团队,何时组建、如何组建。

3. 团队目标与价值观

共同的价值观、统一的目标是组建创业团队的前提,团队成员若不认可团队目标,就不可能全心全意为此目标的实现而与其他团队成员相互合作、共同奋斗。而不同的价值观将直接导致团队成员在创业过程中脱离团队,削弱创业团队的作用。没有一致的目标和共同的价值观,创业团队即使组建起来,也无法有效发挥协同作用。

4. 团队成员

团队成员能力的总和决定了创业团队的整体能力和发展潜力。创业团队成员的才能互补是组建创业团队的必要条件,而团队成员间的互信是形成团队的基础。互信的缺乏,将直接导致团队成员间出现协作障碍。

5. 外部环境

创业团队的生存和发展直接受到了制度性环境、基础设施服务、经济环境、社会环境、市场环境、资源环境等多种外部要素的影响。这些外部环境要素从宏观上间接影响着对创业团队组建类型的选择。

二、组建团队的注意事项

1.扬长避短,优势互补

人有所长,必有所短。创业伙伴之间的优势最好呈互补关系。选择的时候要看清其长,也要学会包容其短。所谓取长补短,就是取别人的长,补自己的短,此为团队的真正价值所在。长城不是一人筑成,想做出成绩,就得有开放心态。当你是内向型性格,不善于交际,只适合从事技术工作时,最好找擅长公关、善于沟通、能妥善处理复杂问题的搭档;当你是急性子,脾气暴躁且又自认为很难改变时,最好找慢性子、脾气温和的搭档。毕竟合作中的摩擦是在所难免的,一急一缓可以相得益彰。

2.志同道合,目标明确

团队成员应该是一群认可团队价值观的人。团队目标应该是每个加入团队的成员所认可的。在明确了一个团队的目标时,作为团队的负责人,应该以这个共同的目标为出发点召集团队成员。团队是不能以人数来衡量的。如果你有一群人,但没有共同的理想和目标,那这就不是一个团队,而是一群乌合之众。这样的团队毫无战斗力可言。所以,团队应是志同道合的,有共同的或相似的价值追求和人生观。

3.知己知彼,百战不殆

绝大多数创业团队的核心成员数量很少,一般是三四个人,多则不过十来人。从企业管理角度来看,如此少的团队成员实在是"小儿科"。因为人数太少,几乎每个从事管理工作的人都觉得能够轻松驾驭。但实际上,这个创业团队成员虽少,但每个人都有自己的想法与观点,更有一股藏于内心的不服输的信念。因此,我们对创业团队中的每个成员都不能抱有轻视的态度。

优秀创业团队的所有成员之间应该非常熟悉，知根知底。《孙子兵法》云："知己知彼，百战不殆。"在创业团队中，团队成员都应该非常清醒地认识到自身的优劣势，同时对其他成员的长处和短处也应一清二楚，这样可以很好地避免团队成员之间因互不熟悉而造成的各种矛盾、纠纷，迅速提升团队的向心力和凝聚力。国内许多大学生选择创业，合作伙伴也多是同学、朋友、校友，但大部分还是很快就失败了。为什么呢？因为他们选择的合作伙伴虽然都是"熟人"，但是彼此缺乏交流、沟通。从本质上来看，还是团队成员间不熟悉。所以，优秀的创业团队首先要确保自己的团队内所有核心成员都是相互熟悉的人。

4. 相互补充，相得益彰

创业团队虽小，但"五脏俱全"。创业团队成员不能是清一色的技术流成员，也不能全部是搞终端销售的，优秀的创业团队成员各有所长，大家聚集在一起，相互补充，相得益彰。相对来说，一个优秀的创业团队必须包括这几种人：一个创新意识非常强的人，这个人可以决定公司未来发展方向，相当于公司的战略决策者；一个策划能力极其强的人，这个人能够全面且周到地分析整个公司面临的机遇与风险，考虑成本、投资、收益的来源及预期，甚至包括公司管理规范章程、长远规划设计等工作；一个执行能力较强的人具体负责执行各项工作，包括联系客户、接触终端消费者、拓展市场等。此外，如果是一个技术类的创业公司，那么还应该有一个技术高手，甚至是技术领先型人物，当然，这个创业团队还需要有人掌握必要的财务、法律、审计等方面的专业知识。唯有这样，团队才能算是合格的。

需要补充的是，在一个创业团队中，不应出现两个核心成员位置重复的情况，也就是说，不能有两个人的主要能力完全一样，比如两个都是出点子，两个都是做市场，等等。优势与职位重复，今后易引发各种矛盾，严重时甚至导致整个创业团队散伙。

5.宽厚待人，互相尊重

选择好合伙人以后，就需要与合作者或合伙人很好地相处，这样才能够长久合作。创业者应该有博大的胸怀，能宽厚待人，懂得如何把握"合作"。作为合伙人，在平时的交往与合作中要坦诚，互相尊重，摆正自己的位置。遇到问题和矛盾时应该向前看，向前看利益是一致的，因为成功会给大家带来更丰厚的收获。

三、创业团队的风险控制

1.选择合理的团队成员

建立优势互补的创业团队是保持创业团队稳定性的关键，也是规避和降低团队组建风险的有效手段。在团队创建初期，人数不宜过多，能满足基本的需求即可。在成员选择上，要综合考虑成员在能力和技术上的互补性，基本保证具备理想团队所需的各种角色。而且，成员的能力和技术应该处于同一等级，不宜差异过大。如果团队成员在对项目的理解、表达、执行、社会资源运用、思维创新等能力方面存在较大的差异，就会产生严重的沟通和执行障碍。

此外，在选择成员时还要考虑创业激情的影响。在企业初创期，所有成员每天都需要超负荷工作，如果缺乏创业激情和对事业的信心，不管其专业水平多高，都可能成为团队中的消极因素，对其他成员产生负面影响。

2.确定清晰的创业目标

创业团队在实践中要不断总结和吸取教训，形成一致的创业思路、勾画出共同的蓝图，以此作为团队努力的目标和方向，鼓励团队成员积极掌握工作内容和职责,与他人竭诚合作,充分发挥个人能力。

创业团队的目标必须清晰明确,既能够集中体现团队成员的利益,又能与团队成员的价值趋向一致,并保证所有团队成员都能准确理解,这样才能发挥鼓励和激励团队成员的作用。此外,创业团队的目标还必须切实可行,既不能太高,也不能太低,而且能够随着环境和组织的变化及时进行更新和调整。

3.制定有效的激励机制

正确判断团队成员的"利益需求"是有效激励的前提。实际上,不同类型的人员对于利益的需求并不完全一样,有些成员将物质追求放在第一位,有些成员则是希望能够获得荣誉、发展机会、能力提高等其他利益。因此,创业团队的领导者必须加强与团队成员的交流,针对各成员的情况采取合理的激励措施。

创业团队的利润分配体系必须体现出个人贡献价值的差异,而且要以团队成员在整个创业过程中的表现为依据,而不仅仅是考量某一阶段的业绩。具体分配方式要具有灵活性,包括诸如股权、工资、奖金等物质利益形式,也包括个人成长机会和相关技能培训等内容,且能够根据团队成员的期望进行适时调整。①

第三节　人才识别的方法与路径

一、人才识别的基本方法

世界著名管理大师杰克·韦尔奇(Jack Welch)曾经说过这样一段

---

① 李华凤.大学生创新创业教程[M].北京:电子工业出版社,2018:74-81.

话:"即使我有一个十分好的点子,如果没有合适的人才去承担这份工作,那么我就会把这个好点子先放下,直到合适的人出现"。揭示了"合适的人"对于任何性质的组织而言都是十分关键的。

人才识别方法和原则是组织或企业选拔和评估人才的重要指导方针。

1.人才识别方法

(1)简历筛选。通过分析应聘者的简历,初步了解他们的教育背景、工作经验、技能和成就等,快速筛选出符合岗位要求的候选人。

(2)面试评估。通过面对面的交流,评估应聘者的沟通能力、思维能力、解决问题的能力和团队合作精神等。面试过程中可以通过提问、讨论和案例分析等,深入了解应聘者的能力和潜力。

(3)笔试测试。针对特定岗位的技能和知识要求,设计笔试题目进行测试,客观评估应聘者的专业技能和知识水平。

(4)背景调查。对应聘者的教育背景、工作经历、个人品行等进行调查核实,以确认其提供的信息是否真实可靠。

2.人才识别原则

(1)公平公正原则。在人才识别过程中,应确保对所有应聘者一视同仁,不偏袒任何一方。评估标准应公开透明,避免主观偏见和歧视。

(2)岗位匹配原则。根据岗位的职责和要求,选拔具备相应能力、技能和经验的应聘者,确保人才与岗位高度匹配,以提高工作效率和质量。

(3)潜力发掘原则。除了关注应聘者的现有能力和经验,还应注重发掘其潜力和发展空间。对于具备潜力和可塑性的应聘者,应给予更多的关注和培养。

(4)多元化原则。在人才识别过程中,应注重选拔来自不同背景、专业和文化的应聘者。多元化的团队能够带来不同的思维方式和创新点，有助于提升组织的竞争力和适应复杂环境的能力。

二、人才选聘的主要渠道

1. 人才选聘的渠道

人才选聘的渠道主要包括内部竞聘、社会招聘和猎头推荐。这三种方式不仅各自承担着不同的职责与使命，而且在企业的人力资源管理体系中发挥着不可或缺的作用，共同推动企业人才队伍的持续优化与发展。

内部竞聘作为挖掘企业内部人才潜力的重要途径，旨在发现并提拔在日常工作中表现卓越、具备晋升资质的员工。通过内部竞聘，企业能够充分激发员工的积极性与进取心，使他们看到在公司内部有更多的晋升机会和发展空间。同时，内部竞聘还有助于提升员工的职业归属感和忠诚度，使他们更加珍视工作机会，并为之付出更多的努力。

社会招聘作为企业补充新鲜血液、拓宽人才来源的关键渠道，对企业的发展发挥着至关重要的作用。通过广泛的社会招聘，企业能够吸引具备专业技能和丰富经验的优秀人才，为企业带来新的思维方式和创意灵感。社会招聘不仅有助于企业打破内部思维的局限，还能推动企业不断进行创新和变革，以适应日益激烈的市场竞争。

猎头推荐作为获取高端人才、提升企业竞争力的有效手段日益受到企业的重视。猎头公司凭借其专业的人才搜索和推荐能力，能够为企业精准定位并吸引那些符合企业发展战略和文化氛围的优秀人才。通过猎头推荐，企业能够更快速地填补关键岗位空缺，提升整体人才队伍的素质和竞争力。同时，猎头推荐还有助于企业树立良好的雇主品牌形象，吸引更多优秀人才加入。

2.社会招聘的基本形式

社会招聘中常见的选聘途径是利用权威、专业的招聘网站与平台等进行招聘,诸如智联招聘、前程无忧等网站,不仅拥有庞大的用户基数和活跃度,而且更能够凭借多年积累的行业经验和数据,为企业提供精准的人才匹配服务。在这些平台上,企业可以发布详细的招聘信息,明确岗位职责、任职要求以及薪资待遇等关键信息,从而吸引符合条件的求职者关注和投递简历。

当然,由于社交网络的兴起,社交媒体与在线社区也逐渐成为媒体人才选聘的重要阵地。微博、知乎等社交媒体平台聚集了大量对媒体行业有浓厚兴趣的用户,这些用户往往具备丰富的行业经验和独特见解。通过在这些平台上发布招聘信息,企业不仅能够扩大人才选拔的范围,还能够更直接地了解到求职者的专业背景和兴趣点,从而增强招聘的针对性和有效性。

社会招聘中还有一个小众但是高度专业垂直的模式,即参与行业内部推荐。相比前面三种社会招聘方式,行业内部推荐是一种高效且可靠的选聘方式。对于媒体行业来说,其从业者或相关领域的专家往往具有丰富的人脉资源和行业洞察力,他们的推荐往往能够更精准地匹配企业的岗位需求。

第七章 创业计划书

第一节 创业计划书概述

一、创业计划书的定义

创业计划书是创业者在初创企业成立之前就某一项具有市场前景的新产品或服务,向潜在投资者、风险投资公司、合作伙伴等游说以取得合作支持或风险投资的可行性商业报告,用来描述创办一个新企业时所有的内部和外部要素,又叫商业计划书。一份详尽的创业计划书好比一份业务发展的指示图,它时刻提醒创业者应该注意什么问题,规避什么风险,并最大限度地帮助创业者获得来自外界的帮助。因此,创业计划书既是创业者的创业蓝图与指南,也是企业的行动纲领和执行方案,对于每一位创业者都有着非常重要的作用。

二、创业计划书的意义

1. 获得融资

创业计划书是一份全方位的商业计划文档,主要用于递交给投资商,以便于他们对企业或项目作出评判,从而使企业或项目获得融资。创业计划书有相对固定的格式,几乎包括所有投资商感兴趣的内容。同时,创业者(企业)融资项目要获得投资商的青睐,良好的融资策划和财务包装是必不可少的。有些项目的融资成功率不高,不是项目本身不好,也不是项目投资回报不高,而是项目方的策划能力和编写草率的创业计划书让投资商感到失望。

2.指导整合

创业计划书是创业全过程的纲领性文件,为创业实践提供战略设计和现实指导。它帮助创业者厘清思路,规划成功的蓝图,确保创业活动有条不紊地进行。在创业过程中,各种生产要素和信息可能是分散的。通过编写创业计划书,可以梳理思路,完善信息,整合各种资源,形成商业利润的最佳要素组合。

3.自我定位

创业计划书的起草与创业本身一样,是一个复杂的系统工程,不但要对行业、市场进行充分的研究,而且要有很好的文字功底。对于一个发展中的创业者(企业),专业的创业计划书的编制过程既是寻找投资的必备材料,也是创业者(企业)帮助其自我评价,厘清思路,对自身的现状及未来发展战略全面思索和重新定位的过程。

4.聚才聚心

创业计划书能够吸引创业人才、新股东加盟,以及有志之士参加创业团队,同时还能吸引单位赞助和支持。通过描绘企业的发展前景和成长潜力,创业计划书能够增强创业者的自信,使创业者对企业更容易控制、对经营更有把握。它提供了企业现状和未来发展的方向,也为企业管理层和员工提供了良好的效益评价体系和管理监控指标。

综上所述,创业计划书不仅是创业者叩响投资者大门的"敲门砖",也是创业者自我评价、厘清思路、凝聚人心、有效管理以及对外宣传的重要工具。

第二节　创业计划书内容编制

一、基本框架

创业计划书的编写一般按照相对标准的文本格式进行,是全面介绍公司或项目发展前景、产品、市场、竞争、风险及投资收益和融资要求的书面报告。其基本框架包括以下内容。

（1）封面。包括标题、项目名称、团队名称等基本内容,标题一般为"(项目名称)创业计划书"。

（2）目录。创业计划书的内容目录,标明各部分内容及页码,要注意确认目录页码同内容的一致性。

（3）摘要。项目的简介,是对整个计划书的高度概括。要用最精练的语言、最有吸引力和冲击力的方式突出重点,主要是用来激起投资者的兴趣,以求一目了然,以便投资者能在3～5分钟内评审计划并做出初步判断。计划摘要好比引路人,把投资者引入计划书的主体。

（4）主体内容。主体部分是整个商业计划书的核心,包括公司介绍、项目产品或服务介绍、行业分析、项目竞争分析、项目市场营销计划、企业管理介绍、项目投资说明、项目投资报酬与退出、项目风险分析、经营预测分析、项目财务分析等。主体部分资料要翔实,向投资者总体概述企业的各方面情况。其功能是最终说服投资者,使他们充分相信创业者的项目是一个值得投资的好项目,创业者及其带领的团队有能力让他们的投资产生最佳的投资回报。

(5)附录。附录是商业计划书的补充说明部分。由于篇幅的限制,有些内容不宜在主体部分更多地描述,附录的功能就是完成主体部分中言犹未尽的内容,涉及的相关数据,或需要提供参考资料的内容,供投资者阅读时参考。

二、撰写原则

撰写原则主要包括:

(1)目标性。创业的目的不仅是追求企业的发展,而且要有创造利润的可能,要突出经济效益。

(2)完整一致性。运营计划完整陈列,涵盖创业经营的各项功能要素,前后基本假设或预估相互呼应,逻辑合理。

(3)优势竞争性。呈现出资源、经验、产品、市场及经营管理能力的优势。

(4)团队和谐性。展现组建经营团队的思路、人员的互补作用。尽可能突出专家的作用、高管人员的优势、专业人才队伍的水平,明确领军人物。

(5)市场导向性。明确市场导向的观点,明确指出企业的市场机会与竞争威胁,把握并充分显示对于市场现状的掌握与未来发展预测的能力。

(6)客观实际性。数据尽量客观、实际,以具体资料为证,并全面分析可能采用的解决方法。切勿凭主观意愿估算,高估市场潜量或报酬,低估经营成本。工作安排应循序渐进,有条不紊,可操作性强。

三、内容撰写

（一）摘要

摘要是对整个创业计划书的概括,目的在于用最简练的语言将计划书的核心、要点、特色展现出来,吸引出资者仔细读完文本,一般要求在两页纸内完成。摘要十分重要,它是出资者首先要看的内容,因而必须让其有兴趣并渴望得到更多的信息。摘要应从正文中摘录出出资者最关心的问题,包括对公司内部的基本情况、能力以及局限性、竞争对手、营销和财务战略、管理队伍等情况的简明而生动的概括。

好的摘要能够回答"这是什么产品""由谁来制造""为什么人们会买"等问题,还要回答"你要卖什么,卖给谁"等问题。因此,摘要的重点不仅是讲清楚产品的主要特点、市场情况、销售队伍情况、广告销售技巧等,还要说明产品的成本、成本构成、产品构成部分的可靠性和稳定性,以及实际售价等问题。

（二）公司介绍

该部分主要介绍公司的一些基本情况,如公司的名称、地址、联系方式、宗旨等,以及公司的发展策略、财务情况、产品或服务的基本情况、管理团队、各部门职能等。

（三）项目产品或服务介绍

在进行投资项目评估时,投资人最关心的问题之一就是风险企业的产品、技术或服务问题能否解决,以及在多大程度上解决,或者风险企业的产品(服务)能否帮助顾客节约开支,增加收入。因此,产品介绍是创业计划书中必不可少的一项内容。通常，产品介绍应包括产品的概念、性能及特性，产品的市场竞争力，产品的研究和开发过程，开发新产品的计划和成本分析，产品的市场前景预测、品牌建设和专利情况。

在产品或服务的介绍部分，创业者要对产品或服务作出详细的说明。该说明要准确也要通俗易懂，使非专业背景的投资者也能看明白。同时，产品介绍要附上产品原型、照片或其他介绍。产品介绍通常要回答以下问题：顾客希望企业的产品能解决什么问题？顾客能从企业的产品中获得什么好处？企业的产品与竞争对手的产品相比有哪些优缺点？顾客为什么会选择本企业的产品？企业为自己的产品采取了何种保护措施，企业拥有哪些专利、许可证，或与已申请专利的厂家达成了哪些协议？为什么企业的产品定价可以使企业产生足够的利润？为什么用户会大批量购买企业的产品？企业采用何种方式改进产品的产量、性能？企业对发展新产品有哪些计划等。

（四）行业分析

主要介绍产品或服务的市场情况，包括目标市场、在市场竞争中的位置、竞争对手的情况、目标客户购买力、未来市场的发展趋势等。具体可以从市场结构与划分、目标市场的设定、产品消费群体、产品所处市场发展阶段、市场趋势预测和市场机会、行业政策等这几个方面阐释。

当企业要开发一种新产品或向新的市场扩展时，首先，就要进行市场预测。如果预测的结果并不乐观，或者预测的可信度让人怀疑，那么投资者就要承担更大的风险，这对多数风险投资者来说是不可接受的。市场预测首先要对需求进行预测，比如市场是否存在对这种产品的需求？需求程度是否可以给企业带来所期望的利益？新的市场规模有多大？需求发展的未来趋向及其状态如何？影响需求的因素都有哪些？等等。其次,市场预测还要包括对市场竞争的情况——对企业所面临的竞争格局进行分析,比如市场中主要的竞争者有哪些? 是否存在有利于本企业产品的市场空当? 本企业预计的市场占有率是多少? 本企业进入市场会引起竞争者怎样的反应? 这些反应对企业会有什么影响? 等等。

（五）项目竞争分析

主要介绍企业所归属的产业领域的基本情况,如行业结果分析、竞争者市场份额分布、主要及潜在竞争对手情况、市场变化分析、公司产品竞争优势等,以及企业在整个产业或行业中的地位,并深入探讨企业竞争对手的相关情况等。

（六）项目市场营销计划

主要介绍企业的发展目标、市场营销策略、发展计划、实施步骤、销售结构、整体营销策略的制定以及风险因素的分析等。在创业计划书中,营销策略可以包括市场机构和营销渠道的选择、营销队伍和管理、促销计划和广告策略、价格决策。由于产品和企业的知名度低,创业企业很难进入其他企业已经稳定的销售渠道中。因此,企业不得不暂时采取高成本、低效益的营销策略,如开展上门推销活动、增强商业广告投放力度、向批发商和零售商让利,或将产品交给任何愿意经销的企业销售。对发展企业来说,一方面可以利用原来的销售渠道,另一方面也可以开发新的销售渠道以适应企业的发展。

（七）企业的管理介绍

主要介绍公司的管理理念、管理结构、管理方式、主要管理人员的基本情况等。企业管理的好坏,直接决定了企业经营风险的大小,而高素质的管理人员和良好的组织结构则是管理好企业的重要保证。因此,风险投资者会特别注重对管理队伍的评估。企业的管理人员应该是互补型的,而且要具有团队合作精神。一个企业必须具备负责产品设计与开发、市场营销、生产作业管理、企业理财等方面的专业人才。在创业计划书中,必须对主要管理人员加以阐明,介绍他们所具有的能力,如他们的职务和责任、他们过去的详细经历及背景。此外,还应对公司结构作简要介绍,如公司的组织机构;各部门的功能与责任;各部门的负责人及主要成员;公司的报酬体系;公司的股东名单,包括所持认股权、股权比例和所享特权;公司的董事会成员及其背景资料等。

(八)项目投资说明

主要介绍企业在投资过程中的相关说明,包括资金的需求、使用以及投资的形式,如资金需求说明、资金使用计划及进度、投资形式、资本结构、回报、偿还计划、资本原负债结构说明、投资抵押、投资担保、吸纳投资后股权结构、股权成本、投资者介入公司管理之程度说明等。

(九)项目投资报酬与退出

主要向投资者介绍如何收回投资,什么时间收回投资,大约有多少回报率等情况,如股票上市、股权转让、股权回购、股利。

(十)项目风险分析

主要介绍本项目将来会遇到的各种风险,如资源风险、市场不确定性风险、生产不确定性风险、成本控制风险、研发风险、竞争风险、政策风险、财政风险、管理风险、破产风险等,以及应对这些风险的具体措施。

（十一）经营预测分析

对增资后 5 年内公司的销售数量、销售额、毛利率、成长率、投资报酬率进行预估及阐述相应的计算依据。

（十二）项目财务分析

主要对未来 5 年的营业收入和成本进行估算，计算制作销售估算表、成本估算表、损益表、现金流量表、资产负债表，计算盈亏平衡点、投资回收期、投资回报率等。流动资金是企业的生命线，因此企业在初创或扩张时，对流动资金需要有周详的计划和严格的过程控制；损益表反映的是企业的赢利状况，它是企业在一段时间运作后的经营结果；资产负债表则反映在某一时刻的企业状况，投资者可以用资产负债表中得到的数据来衡量企业的经营状况和可能的投资回报率。

第三节　创业计划书的要求

一、创业计划书的形式要求

创业计划书有很多版本格式，如 Powerpoint（PPT）格式和 Word 文件格式。基于两者格式不同特点，一般需要同时提供两种版本，一种是完整版本（Word 格式），通常转化为 PDF 格式利于保存与传播；另一种是摘要式版本（PPT 格式）。

二、创业计划书的完善要求

在创业计划书编制完成之后，创业企业还应对计划书进行检查完善，

以确保该计划准确回答投资者的疑问,增强投资者对企业发展的信心。通常,可以从以下几个方面对计划书加以检查完善:

(1)创业计划书是否显示出创业者具有管理公司的经验。如果创业者缺乏管理公司的能力,那么一定要明确说明创业者已聘请具有丰富经验的专业人士来管理公司。

(2)创业计划书是否显示了创业者有能力偿还借款。且要保证给投资者提供完整的财务比率分析。

(3)创业计划书是否显示出创业者已进行过完整的市场分析。要让投资者坚信计划书中阐明的产品需求量是真实确切的。一定要给投资者清晰的目标顾客概念,潜力分析要有理有据,并阐明赢利模式,即客户为何必须购买你的产品,销量增长潜力有多大。

(4)创业计划书是否容易被投资者所领会。创业计划书应该备有索引和目录,以便投资者查阅各个章节。此外,还应保证目录中的信息流是有逻辑的和现实的。

(5)创业计划书中是否有计划摘要并放在了最前面,且是否写得引人入胜。

(6)创业计划书是否在文法上全部正确。如果自己不能保证,最好请人帮忙检查。计划书的拼写错误和排印错误很可能会使创业者丧失机会。

(7)创业计划书能否打消投资者对产品、服务的疑虑。计划书需要阐明项目的独特之处,特别是该项目能否突破壁垒;如果必要,创业者可以准备产品模型,以直观展示。

第八章　创业融资与项目路演

第一节　创业融资

一、创业融资概述

融资，是指为支付超过现金的购货款而采取的货币交易手段，或为取得资产而集资所采取的货币手段。广义的融资，是指资金在持有者之间流动以余补缺的一种经济行为，这是资金双向互动的过程，包括资金的融入（资金的来源）和融出（资金的运用）。狭义的融资，仅指资金的融入。

创业融资，是指创业者（企业）从自身生产经营及资金运作情况出发，根据未来经营发展的需要，通过一定的渠道和方式筹集资金，以满足创业以及后续发展需要的一种经济行为。

当前大学生创业资金的来源主要是通过父母提供和向亲朋好友借款，渠道非常单一。据相关调查，一些大学生对和个人创业融资相关的政策、法律和法规不了解，与此同时，对其没有信心或有所顾虑。已经创业的大学生中，多数曾考虑试图利用规范性文件中的优惠条件进行创业融资，但是对相关的法律、法规及操作程序不熟悉，不知道如何入手。很多大学生对于创业条件的理解仅停留在物质层面,而忽视了自身素质与能力的培养。这样,即便拿到资金,创业的失败率也会很高。

二、融资的基本形式

我国的中小微企业主要通过内源融资、直接融资、间接融资和民间借贷等形式募集企业发展所需的资金。

1. 内源融资

内源融资是中小微企业创业之初的首选模式。由于缺乏抵押和尚未建立起诚信度,这些私营业主很难从银行等金融机构获取贷款。因而,只能利用自有资金、寻找合伙人或向家人、朋友借款进行生产经营,并将企业经营的收益部分拿出来进行扩大再生产。该融资模式的好处在于融资成本低、风险相对小,但由于其获取的资金量有限,资金来源稳定性存在局限,对企业的快速成长十分不利。

2. 直接融资

直接融资包括发行股票、债券和吸引风险投资等形式,是一种新兴的融资方式。它的优点在于企业可以募集到足够的资金发展壮大,但由于股票、债券市场进入的门槛过高以及风险投资者基于自身追求利润等因素,这种融资方式偏向国有或大型企业,创业板块和中小企业板块规模还很小。当前,我国只有极少数的前端行业、高科技含量的中小微企业才能够通过这种方式获取资金,所以这并不是数以千万计的中小微企业的主流融资方式。

3. 间接融资

通过抵押、担保和信用贷款从银行获取所需资金,是当前我国中小微企业的主要融资方式,而缺乏可抵押物和诚信不足,一直是困扰许多中小微企业多年来难以从银行获取贷款的主要问题。虽然近年来国家和各级监管部门要求银行加大对中小微企业的信贷投入,但是针对中小微企业的信贷规模的增速仍远低于当前企业不断增长的资金需求。

4. 民间借贷

随着市场的日趋成熟,现在企业产品的利润率已经越来越低,很多中小微企业资金压力日益增大。同时,由于银行在贷款审核方面对这些企业过于苛刻,近年来,越来越多的中小微企业选择民间借贷的方式,以此缓解融资难的问题。民间借贷有着手续简便、放款快捷等优势,但利率较高,随着近年来中小微企业资金缺口的加大,民间借贷的利率不断攀高,部分地区的利率已经与高利贷无异。一旦企业经营出现状况,就很难偿还高额的利息。

三、大学生创业融资渠道

随着大学生创业的浪潮越来越高,融资渠道的选择成为一个至关重要的问题。一个良好的融资渠道可以为创业团队提供足够的资金,帮助他们实现梦想,走向成功。以下是几种适合大学生创业的融资渠道。

1. 家庭和朋友

对于初创阶段的企业,最简单和常见的融资方式是通过家庭和朋友筹集资金。这种方式的优点是速度快、信任度高,但通常资金规模有限。建议企业在决定向家庭和朋友寻求资金支持之前,务必与他们讨论并了解他们的期望和担忧,以达成共识。

2. 小额贷款机构

近年来,一些专门为小微企业提供资金借贷服务的机构涌现。这些机构通常提供小额贷款服务,能够满足初创企业的资金需求。然而,需要注意的是,小额贷款的利率通常较高,因此需要认真评估还款能力。

3. 众筹平台

众筹平台是一种为初创企业筹集资金的有效途径。通过众筹平台,创业者可以向大量潜在投资者展示他们的创意和项目,吸引他们的关注和支持。这种方式可以帮助创业者获得大量的资金,同时也可以通过展示获得更多的创业支持和反馈。

4. 孵化器

很多创业孵化器项目也为大学生创业者提供了一定的融资支持。这些项目通常是由企业、政府和投资机构合作开展,他们会对初创企业进行评估,并为这些项目提供一些形式的融资支持,包括天使投资或种子资本等。如果可以与孵化器建立良好的合作关系,无疑将开拓出一条很好的融资渠道。

5. 风险投资

风险投资是初创企业最重要的融资渠道之一。许多大型的风险投资公司对初创企业进行评估并投资,不仅可以为初创企业提供所需的资金,还能够帮助它们获得更专业的指导和管理,提升公司的经营水平和管理效率。

6. 天使投资

天使投资是由经验丰富且具有一定资产的人士对创业项目进行早期投资的一种方式。由于他们的资金和经验相对有限,所以一般不选择大量的初创企业进行投资,更注重对投资对象的管理水平等方面进行综合评价审查。天使投资者也可以作为团队核心成员与初创团队进行深入的合作。

7.大学科研机构支持

一些大学的科技园区和相关机构也可以为大学生创业项目提供资金支持和帮助。大学科技园区中的许多公司都有来自政府的财政支持或者风险投资的资本支持,所以他们更倾向于把资本投给真正能够产生商业价值和科技潜力的项目,这样的投资非常有助于创业者的企业发展。

第二节　项目路演

一、项目路演的概念与形式

1.项目路演的概念

项目路演就是创业项目代表以一定的形式向投资人讲解自己的产品项目、发展规划、融资计划等。项目路演分为线上项目路演和线下项目路演。线上项目路演主要是通过腾讯会议、ZOOM、钉钉会议等互联网在线视频进行讲解;线下项目路演主要通过活动专场对相关人员进行面对面的交流。

项目路演的好处在于可以同时让多个投资人认真听创业者的讲解和说明,同时还可以进行交流。通常情况下,投资人每天看到的计划书和接触的项目很多,甚至有的投资人一天中要阅读上百份项目计划书,所以筛选项目往往只能凭借一些市场份额、盈利水平等硬性指标进行粗略判断,很难了解到项目的精彩之处,很多优质的创业项目因此与投资机会擦肩而过。

项目路演可以让投资人在安静的环境里,在创业项目代表声情并茂地展示下,真正读懂创业项目,从而做出更为准确的投资判断。特别对于一些技术性强的项目,更能减少投资人因看不懂和不理解项目产生的弊端。创业项目代表可以通过自己的讲解和与投资人的交流,快速对接自己的项目,减少融资路上的弯路。项目路演参与人员除创业项目方和投资机构代表,全程没有无关人员干扰,具有较高的效率。

2.项目路演的参与人员

项目路演通过自愿报名、审核通过、直接沟通的形式,快速实现创业项目方与投资人的零距离直面对话、平等交流、专业切磋,促进创业项目方与投资人的充分沟通和加深彼此了解,最终推动融资进程。

(1)项目路演具备的条件

项目团队人数大于或等于两人;

项目成功运作一年以上;

项目必须有内容可供演示;

项目必须有完整的商业计划及其历史财务资料;

项目必须拥有独特商业模式和商业价值的创业型项目;

项目必须有明确的融资需求和融资标的范围。

(2)项目路演的流程

报名:一页项目说明,以及四至五页项目简介或执行摘要。项目说明包括但不限于商业名称、管理团队成员、联系方式、融资标的、所属行业等。

审核:由组织者负责程序审核,确定是否符合项目条件和报名条件。

实施:在具体时间、地点,由通过审核的项目演示人进行项目演示。演示一般由四个程序组成:一是五至十分钟项目演示,即演示人有五至十分钟时间介绍自己的项目;二是投资人提问,时间是五分钟;三是投资人对项目进行点评;四是项目方与投资人交流。

二、路演的内容

随着投资行业的参与人数增多,以及各级政府的大力扶持创新创业,也演生了项目投融资路演会这种形式。这类活动通常由专业的投融资机构或者园区运营服务方定期举办,以半公开或者公开方式为主。此外,还有一种邀约制的内部闭门路演会。

路演会更像一场展示秀,需要项目方主讲人具备优秀的演讲能力。以 10 分钟的路演时间为标准,具体内容可以包括:

(1)在开场之前,需要提前展示 PPT,因此首页以"一句话简介＋公司 Logo"呈现,尽可能在前半分钟给投资人留下深刻的印象。

(2)介绍创业遇到的问题或是创业的初衷,通过故事将投资人带到项目情境里,生动的演讲、风趣的言谈往往会给人留下更深的印象。

(3)介绍产品和解决问题的细则,突出与竞争对手相比的优势和亮点。

(4)告知投资人产品要如何变现,也就是商业模式和盈利模式,包含用户画像、竞争对手分析等。这部分往往是创业早期商业计划书中最重要的一块。投资不是做慈善,徒有创意而没有变现途径的项目对于天使投资人缺乏吸引力。

(5)介绍项目的创始团队成员,包括所有人的学历背景和经验,尤其是相关领域的创业经验可以帮助项目加分。

(6)介绍运营规划、发展蓝图、股权结构、融资计划及资金用途。这部分一般着墨不多,但却是路演中不可缺少的内容。

三、路演的要点和准备工作

1. 路演的要点

路演过程中需要注意的要点包括：

(1)早期投资人对项目内容的关注由高到低分别是：管理团队、产品、市场情况、竞争优势、盈利模式、数据情况、融资计划。在之后的推进阶段，投资人关注的重心会逐渐向产品、市场情况偏移，越后期的项目，对于数据表现、盈利能力以及增长态势的要求越高。

(2)认真对待和投资人的互动过程。投资人的建议往往都是宝贵的，多几次路演的经验可以提升创业者的逻辑表达能力。而投资人普遍青睐思维有逻辑、善于思考的创业者。

(3)想办法让投资人记住你。

(4)不要忽视"投资人如何退出"的问题。

(5)每次参加活动，都要想办法获得投资人或评委的名片和有效联系方式，以此积累投资圈信息。

2. 路演的准备工作

路演前期准备包括材料准备和热身准备。材料准备工作包括：

(1)准备一份清晰简洁的路演材料，一般是以 PPT 的形式呈现。由于路演时间有限，PPT 以精美、简短为主，避免演讲时间失控。

(2)PPT 的风格要与公司的风格相符，如果是文化创业类公司或互联网公司，则一定要突出 PPT 的设计感与创始人的美学功底。一份优质的 PPT 虽不能给项目本身加多少分，但一份凌乱丑陋的 PPT 一定会大大扣掉投资人心中的印象分。

(3)准备一份投资概要，约一页的项目简介，突出项目重点、优势等关键信息。

路演前热身准备工作包括：

(1)如果创始人是技术出身不擅长社交,可以让合伙人做项目的展示,自己则作为旁听者在必要的时候作补充,但切记不要让业务了解不全的合伙人独自去路演。

(2)汇报人最好对公司的各项指标比较了解,无论是运营指标、财务状况、未来发展预期,还是市场情况。提前准备好投资人可能存有疑问的地方。

(3)提前对评委的背景进行了解,有利于实现高效交流。路演是一个结识投资人与投资机构绝佳的机会。

(4)合理分配演讲时间,列出项目大纲,梳理自己的观点,分清项目的重点和次重点,并据此安排路演中每部分需要花费的时间。

(5)建议提前演练,严格控制路演时间。基本上只有10%的人可以在给定的时间内将项目介绍完整。

四、路演的演讲技巧

一个充满热情和吸引力的演讲,能有效把商业计划书传达给投资人。五至十分钟的时间无法让路演者完全把项目讲述清楚,因此演讲技巧尤为重要。

1.良好的精神状态

路演前保证充足的休息,才能呈现饱满的精神状态。在重要路演场合,适当化妆也有助于提升镜头前的精神状态。如果演讲人自己都不够自信,那投资人凭什么相信你呢？投资人下结论很大一方面要看创业者是否对自身的产品有信心。因此,要不断强化自己一定能成功的信心和意念,并将这种信念传递给投资人。

2.恰当的语言模式

面对投资人,"说"是与投资人真诚的沟通和交流方式。不要一味地盯着屏幕,屏幕应该只是演讲人身后的辅助提纲。演讲时语言要有起伏、有情感、有停顿,如果担心"背不出",可以准备一些小的笔记在手上。可以有场景描述,可以有互动,但最重要的是要全身心投入其中,将听众带入你所营造的情境里,如果担心冷场或者可能的技术故障,提前预想几个可能的场景,抛出你的段子,以便化解尴尬,缓和气氛。

3.合适的语速

大部分人都不是天生的演讲家,但是控制语速能让讲解更清晰。适当放慢语速不容易犯错,当演讲者感觉语速很慢,通常对听众来说是恰到好处。同时,少用形容词,转用故事叙述把复杂的问题简单化,避免把问题说得太抽象,借助翔实的数据、具体的事例和生动故事进行讲述,以此展示准确的表达能力。

4.缜密的逻辑思维

项目演示的逻辑结构不清晰、重点不突出,难以打动投资人。演讲前可以在脑海中规划演讲地图,找到关键点,把演讲的结构厘清,思路和脉络自然就清晰了,这样既可以克服忘词的恐惧,又能让听众对内容一目了然。

5.及时抛出心锚

想办法让投资人记住你。投资人听了太多的展示演讲,无法一一记住。可以用一句足够吸引投资人的口号、句子或观点,并在展示过程中多次提及,以此让投资人牢记,给他们留下印象,为成功赢得投资奠定基础。

6.重视提问

路演中,最后的提问环节至关重要。路演结束时,如果有点评环节,演讲人要认真倾听投资人提出的项目改进意见,避免与投资人发生抗辩,尽量给投资人留下良好的印象。演讲人在回答投资人的问题时,应避免犹豫、迟疑等情况发生。

为确保路演成功,应对以上内容进行反复演练,并严格控制好时间。激情、气场、语速、语调、手势动作等演讲基础技巧要勤练习,把演讲内容烂熟于心。在团队面前进行试讲并计时,根据队友反馈及时改进,力求正式演讲时万无一失,最终取得成功。

第九章　公司注册与经营管理

第一节　创业公司注册

一、注册公司的优势

一般创业的成本较低,目前注册公司的资金门槛低,创业者可以根据自身的实际情况承担出资额,甚至有时不用出资;注册地址选择可以是住宅、民房,甚至可以挂靠,没有太多的硬性要求;如果注册公司位于一、二线城市,就可以方便打造较好的品牌效应,大大扩展未来事业的发展空间。

创业者选择注册公司进入市场的方式,一是注册公司可以使个人创业经营更加正规化,使经营主体合法化,在开展业务的时候更能获得客户的信任,便于融资和信贷,有助于拓宽市场发展渠道;二是注册公司后可以独立承担民事责任,购买社保,承担有限的法律责任,在增加自身诚信度的同时,有利于产品的服务提升和推广,以此增加竞争力,避免陷入传销陷阱。

注册公司后,在税收上便可享受国家的政策优惠。近年来国家出台了不少创业鼓励政策,比如对于小微企业可免收增值税,而且在满足一定的条件后,还可以申请创业补贴,领取补贴金额。

注册公司虽然有很多优势,但需要根据自己的能力范围和实际情况来定,并且需要经过慎重思考,避免盲目从众。注册公司虽然程序很简单,但也不是儿戏,毕竟注册公司容易,注销难。同时,注册公司会增加启动成本,包括场地费、人工费以及一定的注册费用等,并且在公司注册后,每个月需要记账报税、正常业务申报,以及每年进行工商年检,增加了不少事务。但综合对比来看,注册公司仍利大于弊。

二、新创企业的基本组织形式

根据我国相关法律规定,创业者可以选择有限责任公司、股份有限公司、合伙企业和个人独资企业等形式。按照财产的组织形式和所承担的法律责任不同,企业的基本组织形式有三种类型:独资企业、合伙企业和公司制企业。前两种属于自然人企业,出资者承担无限责任;后者属于法人企业,出资者承担有限责任。

1.独资企业

独资企业又称个人业主制企业,是指由个人出资兴办,完全归个人所有,单独承担无限责任的企业。该种形式主要适用于零售业、服务业、手工业、家庭农场等小型企业。

独资企业的主要优点十分明显,比如,设立手续简单、利润独享、经营灵活、决策迅速、保密性好。独资企业的主要缺点是:承担无限责任,经营风险较大;由于受个人出资的限制,企业规模往往较小;组织机构不健全;企业经营水平受到企业主素质的制约,企业的连续性往往较差。

2.合伙企业

合伙企业是指由两个或者两个以上当事人,按照协议共同出资、合伙经营、利润共享、共同承担无限责任的企业。合伙企业在一定程度上弥补了独资企业业主在资本、知识、能力等方面的缺陷,合伙企业的产生具有必然性。

合伙企业的优点主要表现在:扩大了资金来源,扩大了公司规模,提高了竞争能力,拓展了经营领域。主要缺点是:决策协商一致比较困难,承担较大的债务风险,承担无限责任,企业规模和业务范围仍然受到限制等。

3.公司制企业

公司制企业又称公司,是依照严格的法定程序成立、由数人出资兴办、以盈利为目的的企业法人。公司制企业不同于前两种形式的企业,公司制企业与独资企业、合伙企业的主要区别是:公司制企业是法人企业,对债务承担有限责任;公司作为企业法人,有独立的民事行为能力,对债务承担有限责任;公司是依法设立的,公司的设立在发起人资格、最低资本额、公司章程和公司的组织机构等方面均有一定的要求。

(1)公司制企业的优点

首先,降低了经营风险,承担有限责任。股东以其出资额为限对公司承担责任,公司以其全部资产为限对公司债务承担责任。股东的风险可控。

其次,集资范围较广,有利于募集资本,扩大生产经营规模。

再次,有利于法人资本的稳定(出资人一经出资便不能抽回,只能转让股份和出售股票,从而使公司有数量比较稳定的法人财产)和优化资本组合。

最后,所有权与经营权分离,专家管理,提高效率,企业生命力更持久。

(2)公司制企业的缺点

组建困难,组建成本较高,政府有较多的限制,如注册资本、产业政策等;有些甚至还要审批;税负相对较重,往往需要缴纳双重所得税;组织相对复杂,协调成本高,定期公布财务信息,保密性较差。

(3)公司的分类

公司的种类十分繁杂,依据不同的标准,可以有不同的分类,按照股东所承担的责任不同,可分为无限公司、有限责任公司、股份有限公司和两合公司。我国《公司法》所指的公司仅指有限责任公司和股份有限公司。

有限责任公司(含一人有限公司),是指由法律规定的一定数量的股东所组成,股东以其出资额为限对公司承担责任;公司是以其全部资产为限对公司债务承担责任的企业法人。

股份有限公司,是指将全部资本划分为若干等份,可以向社会公开发行股票,股东以其认购的股份为限对公司承担责任;公司是以其全部资产为限对公司债务承担责任的企业法人。股份公司是典型的合资公司,各国公司法都承认其法人地位。

虽然有限责任公司与股份有限公司均是企业法人,但股份有限公司的要求比较严格,对最低注册资本也有较严格的限制,组织机构要求也比较严。

总之,股份有限公司由于注册资本要求较高,组织机构要求比较复杂,不为一般的创业者所采用。合伙和个人独资企业因创业者须承担无限责任,因此,选择这两种企业形式的也相对较少。虽然有限责任公司是绝大多数创业者所乐于采用的组织形式,但具体选择企业形式时要综合考虑相关情况,从而作出明智的选择。①

第二节　企业财务管理

一、企业财务管理的内容

财务管理(financial management)是指基于一定的法律法规,在一定整体目标的指导下,对企业资产的购置(投资)、资本的融通(筹资)、经营中现金流量(营运资金)和利润分配的管理。作为企业管理的核心,财务管理对于改善企业经营、提高企业经济效益具有十分重要的作用。实践表明,财务管理水平的高低对企业经济效益的好坏具有重要影响。

财务管理的内容极为丰富,从不同的角度来审视,其包含的内容是不同的。从组织企业财务活动的视角看,财务管理的内容包括资金的筹集、资金的投放与分配等;从处理财务关系的视角审视,财务管理的内容包括诸多复杂的关系,涉及企业与债权人、债务人、投资人、受资人、政府之间的关系,还包括企业内各单位之间的财务关系以及企业与职工之间的财务关系等。

二、创业初期财务管理可行模式

创业初期,经营管理以财务管理为中心,构建以资金管理、提升资金使用效益为核心的财务管理体系,确保创业初期企业的经营管理水平提升、保障财产安全并实现资产增值,全面实行预算管理。创业者根据年度

---

①李华凤.大学生创新创业教程[M].北京:电子工业出版社,2018:136-137.

经营目标制定年度财务预算,遵循统一会计核算、统一融资、统一资产管理、统一财务报表权责分明的原则,履行财务管理的管理职责,负责财务预算的编制、分析、检查,制定创业企业内部财务管理制度,依法缴纳各项税费,及时报送有关部门财务报告,统筹规划财务管理实务,实现创业企业财务管理的目标,最终实现企业经营目标。具体可行的财务管理模式如下。

1.现金管理集权模式

现金管理是财务管理的核心,需予以集中强化。第一,银行账户管理,所有账户必须由财务负责人统一管理。第二,现金预测,对企业现有资金中融资规模有清晰的判断,掌握创业初期每个阶段可运用和必须支付的现金。第三,筹资管理,在现金预测的基础上,选择最佳筹资方式,遵循价值规律使用资金,实现资金的内部控制,且审核、平衡预算,汇编总预算表,为将来的经营活动提供决策依据。

2.投资管理、利润分配采取集权—分权模式

创业初期,投资每一个有潜力的项目,必须根据创业企业发展规划,确立财务管理总目标。应实施集中管理资金,限定资金总额,且只能占资金总量很小一部分。投资项目的跟踪管理采用分权跟踪模式,适度放活投资项目的资金管理权限。

利润分配是创业企业经营的核心环节,工资、奖金分配实行总量控制原则。同时,奖金分配和工资分配采用分权模式管理,构建自主分配模式。

3.创新产品部门彻底分权管理

创新部门实行自主经营、自负盈亏的模式,在产品的研究、开发、生产、销售等环节,以及订立合同、资产负债、留存收益等核算上,统一采取

分权管理方式。企业有独立核算、制单、审查、记账的报表系统。创新产品部门作为创新型生产力部门,应按照创业企业统一的会计制度办理有关手续。

创业初期,选择何种财务管理模式取决于创业企业的特点、创业企业的经营类型和创业企业经营的具体情况。在这一阶段,企业资金量少,融资渠道狭窄,需要政府构建合理的扶持资金和创业企业管理资金体系。从国家层面上看,创业资金的运作需要依据会计原则和会计核算原则,规范创业投资行业的行为,构建适合本行业的财务管理政策和理论,为创业初期企业和自主创新活动提供服务,借助财务管理机制促企业发展。

第三节　企业诚信管理

一、企业信用的内涵

企业信用,作为一个综合而复杂的评价体系,不仅关乎企业的声誉与形象,更直接关系到其市场竞争力及可持续发展能力。其中,企业金融信用和经营信用是构成企业信用体系的两大支柱,各自包含丰富的内涵。

企业金融信用作为衡量企业经济实力和信誉度的重要指标,其重要性不言而喻。在信贷记录方面,企业需保持良好的贷款和还款记录,确保每一笔交易都按时、足额完成。这不仅体现了企业的资金管理能力,更彰显了其在金融市场中的诚信度。同时,企业的担保能力也是金融信用评估的关键一环。具备强大担保能力的企业往往更容易获得金融机构的信任与支持,进而获得更多的融资机会。此外,资金状况的稳定性与透明性也是评估企业金融信用的重要依据。稳健的财务状况和合理的负债结构能够有效提升企业的融资效率与偿债能力,为其稳健发展提供有力保障。

企业经营信用则主要侧重于企业在日常运营中的行为规范和诚信经营程度。一个优秀的企业应严格履行与供应商、客户及合作伙伴之间的合同条款,确保交易过程公平、公正、透明。同时,企业在产品质量和售后服务方面的表现也是经营信用的重要体现。优质的产品和售后服务能够赢得消费者的青睐和信赖,从而增强企业的品牌影响力和市场竞争力。此外,企业在社会责任履行方面的表现也是评估其经营信用的重要依据。积极履行社会责任的企业不仅能够树立良好的社会形象,还能够获得更多利益相关者的认可与支持。

二、如何进行诚信管理

在现代经济社会中,诚信不仅仅是一种道德准则,更是能够为企业带来经济效益的重要资源,在一定程度上甚至比物质资源和人力资源更为重要。将塑造和坚持企业诚信作为企业文化的核心价值观,对于形成支撑企业稳健发展的独特文化特质,推动企业从优秀迈向卓越具有巨大的促进作用。那么,企业该如何进行诚信管理工作呢?

1. 树立全员的诚信意识,打造企业诚信文化

人无信不立,企业无信不长。诚信是企业赖以生存和发展的基本条件。企业要想在竞争中立于不败之地,就必须提高诚信意识,摒弃只重经济效益而轻视信誉的观念,将诚信与发展、诚信与经济效益结合起来。企业要把诚信作为一种资源来看待,倡导诚信文化;树立"诚实守信"的企业诚信价值观念,形成"守信光荣,失信可耻"的企业文化氛围,让诚信渗透企业的每一个组织架构、每一项业务活动、每一位员工的日常行为中。企业诚信文化应与企业生产与管理的每一个环节融合起来,以诚信指导企

业的管理和发展,在管理和发展中体现诚信的丰富内涵。

2.建立健全企业诚信管理机制

企业诚信管理机制的建立,是企业走向诚信管理的标志。企业建立诚信管理机制要从以下几方面入手:首先,要加大企业股份制改造力度,完善企业的产权制度。企业诚信建立的前提是必须拥有明晰的产权关系。只有产权关系明确,企业经营者才拥有企业财产的控制权与支配权,才会拥有维护企业信誉的积极性,也才可能舍弃短期利益去追求长期收益。其次,建立专门的诚信管理部门。诚信管理部门的建立是企业诚信管理体系能够顺利构建并运行的基本保证,使企业的诚信管理工作既有专人负责,又能够有效协调各部门在诚信管理中的工作,并及时地检查和评估企业诚信的实施情况,从而不断地提高诚信管理水平。最后,要建立健全诚信管理的岗位责任制。企业要建立和完善自上而下、自下而上的诚信责任监督管理系统,需把企业诚信工作全方位分解,层层落实诚信责任,做到环环紧扣、环环相套、分工明确、责任到位,确保形成诚信责任链。

3.建立客户资信调查和评估机制

建立客户资信调查和评估机制,才能准确把握商机和诚信风险的区别。客户既是企业最大的财富来源,也是最大的风险来源。强化诚信管理,企业必须首先做好客户的资信管理工作,尤其是在交易之前要对客户的诚信情况进行收集调查和风险评估,并定期调查和评估客户的诚信状况。企业经营过程中会接触许多不同类型的客户,只有了解消费新老客户的资信状况,才能评估是否给予授信,进而确定客户资信等级,并按资信等级执行相应的诚信政策。

客户资信管理是一项复杂的系统工程,应该借助现代信息技术进行管理。从企业信息化的发展看,管理的信息化越来越重要。充分利用企业内部网、互联网等信息化手段,建立起包括客户关系管理系统、供应商协同系统以及企业网络诚信制度和资信数据库体系的综合管理平台,显得更为重要。

4.加强对企业员工的诚信管理

未来的组织变革将更注重组织的扁平化、企业经营的灵活性和员工授权。因此,加强对企业员工诚信管理显得尤为重要。

一方面,员工是企业形象的代言人,身处市场的最前线。从某种程度上说,员工形象就代表着企业的形象;另一方面,员工的诚信状况直接关乎企业的经济利益,如果员工存在怠工和蓄意破坏、盗窃、泄密、吃回扣等行为,会给企业造成重大的经济损失。因此,企业在人力资源管理的招聘、选拔、晋升等职能中,对人员的诚实性、可靠性、责任感等诚信特征必须进行考察、测量、培养。

5.提供精良的产品和超值服务,赢得顾客的忠诚

精良的产品和超值服务是构筑企业良好信誉的基石,是树立企业信誉的"硬件"。顾客对企业的评价往往是在使用产品和接受服务的过程中形成的,企业想要留住顾客,与顾客建立长期而稳固的关系,首先要为顾客提供优质的产品和贴心的服务,这对于提升顾客的满意度和忠诚度至关重要。

第三篇

新媒体创业篇

第十章 智媒时代的创业概述

第一节 什么是智媒时代

随着移动互联网、大数据、云计算、人工智能等技术的飞速发展,智媒时代已经到来,并深刻改变着媒体行业的格局和运作方式。智媒时代是指人工智能(artificial intelligence,AI)技术全面应用于媒体领域的时代。2016 年被称为"智媒元年",标志着智媒时代的正式开启。在此时代背景下,智能化技术被广泛应用于媒体运作的各个环节,从内容生产到分发,再到用户互动,都发生了深刻的变化。智媒时代的到来将重塑媒体生态,创造新的商业模式和经济价值,它具有以下五大特点:

1. 万物皆媒

在智媒时代,机器及各种智能物体都呈现出媒介化的可能。物体媒介化成为大势所趋,一切物体都可以成为媒介进行信息传输。这种变化使得人们对于物体的状态、动态的监测变得更加容易,对物质世界的感知更为全面、及时。

2. 人机合一

智能化机器、智能物体将与人类的智能融合,共同作用,构建新的媒体业务模式。在此模式下,人机合一的媒介具有自我进化的能力,机器洞察人心的能力和人对机器的驾驭能力互为推进。

3. 场景化传播

传感器、LBS(基于位置的服务)、移动终端、大数据技术为场景思维的落地提供技术支撑。媒体通过大数据技术对不同场景数据进行采集、分析,选择适配的传播内容以及传播入口,再运用算法推荐进行信息的精准投放,将信息流、服务流和情感流融入场景之中,实现场景传播。

4. 沉浸式体验

VR(虚拟现实)、AR(增强现实)等技术打破虚拟与现实之间的边界,给受众提供沉浸度高、临场感强的全方位模拟体验,构建超真实的场景,而更加注重新闻体验感的提升,给予受众身临其境的全新感受。

5. 智能化生产

智能化机器进入新闻信息的采集、分析、写作等环节,改变现有的生产模式。另外,在去中心化的模式下,由多元主体完成的协作式报道在未来将更为普遍。

智媒是媒体行业与人工智能技术深度融合的产物,它带来了媒体运作方式的深刻变革和用户体验的全面提升。随着技术的不断发展和创新应用的不断涌现,智媒时代将继续引领媒体行业走向更加智能化、个性化、场景化的未来。

第二节　智媒时代下创新创业的特点与趋势

智媒时代下的创新创业呈现出一系列新特点和新趋势,这些变化主要得益于人工智能、大数据、云计算等技术的快速发展及其在媒体领域的广泛应用。其新特点如下：

1.技术创新驱动

智媒时代下的创新创业高度依赖技术创新。人工智能、大数据、5G、VR/AR等前沿技术的不断突破，为媒体行业带来了全新的可能性，也为创业者提供了更多的创新空间。技术创新不仅改变了媒体内容的生产方式，还重塑了传播渠道并优化了用户体验，为创业者创造了更多的商业机会。

2.跨界融合加速

智媒时代下的创新创业呈现出跨界融合的特点。媒体行业与科技、金融、教育、医疗等多个领域相互渗透，形成了新的业态和商业模式。创业者需要具备跨界思维，善于将不同领域的技术和资源进行整合，以创造出更具竞争力的产品和服务。

3.用户体验至上

在智媒时代，用户体验成为创新创业的核心关注点。创业者需要深入了解用户需求，通过智能化技术提升用户体验，满足用户的个性化需求。例如，运用大数据分析用户行为，实现内容的精准推送；利用VR/AR技术打造沉浸式体验，增强用户的参与感和满意度。

4.内容创业兴起

随着媒体内容多样化和个性化需求的增长，内容创业成为智媒时代下的一大发展趋势。创业者可以通过自媒体平台、短视频平台等渠道，创作和分享优质内容，吸引粉丝并获得收益。内容创业成功的关键在于内容的独特性和创新性，以及与用户的良好互动。

依托智媒的发展，未来的创新创业将具有以下发展趋势：

1.智能化生产与传播

智能化技术将进一步渗透媒体内容的生产和传播环节。通过算法推荐、智能编辑等技术手段,实现内容的自动化生产和个性化推送。这将大大提高媒体内容的生产效率和质量,降低人力成本,同时也将为用户带来更加精准和个性化的内容体验。

2.沉浸式体验成为主流

随着VR/AR等技术的不断发展,沉浸式体验将成为智媒时代下媒体内容的重要表现形式。用户可以通过VR/AR设备身临其境地感受新闻事件、观看影视作品等。沉浸式体验将为用户带来更加真实和震撼的感官享受,也将为创业者提供更多的商业机会和创新空间。

3.平台化运营成为趋势

在智媒时代,平台化运营将成为媒体行业发展的重要趋势。通过构建开放、共享的平台生态,吸引更多的内容创作者和用户参与进来。平台化运营将促进资源的优化配置和高效利用,降低创业门槛和成本,同时也将为用户提供更加便捷和丰富的服务体验。

4.跨界合作与生态构建

智媒时代下的创新创业将更加注重跨界合作和生态构建。媒体行业将与其他行业进行深度合作,共同打造新的产品和服务形态。通过跨界合作和生态构建,可以实现资源的共享和优势互补,提高整个生态系统的竞争力和创新力。

第三节 智媒时代下新媒体创新创业的领域

在智媒时代,新媒体的创业方向呈现多元和融合的特点,丰富多样,涉及内容生产、技术创新、服务优化等多个层面。以下是一些主要的创业方向：

1.个性化内容推荐与分发平台

随着大数据和人工智能技术的发展，用户对于个性化内容的需求日益增强。创业者开发基于用户兴趣和行为数据的智能推荐系统，通过算法优化提升推荐精确性，为用户提供定制化的信息和服务。这类平台可以集成多种新媒体形式，如文章、视频、音频等，并根据用户的偏好进行精准推送。

2.垂直领域的新媒体内容生产与运营

新媒体内容需求日益多元化，垂直领域的细分与延伸为内容创业者提供了广阔的空间。创业者可以专注于某一特定领域，如科技、教育、健康、时尚等，通过深入挖掘和高质量的内容生产，吸引并留住特定用户群体。创业者还可以建立专业团队，与领域专家合作，或利用 AI 技术辅助内容创作，增强内容的专业性和吸引力。

3.新媒体技术解决方案提供商

媒体行业的数字化转型加速，对智能媒体技术解决方案的需求日益增长。创业者可以开发包括内容管理系统、数据分析工具、自动化编辑平台等在内的智能媒体技术产品，为媒体行业提供全方位的技术支持和服务。这些产品可以帮助媒体机构提高生产效率、降低运营成本，并优化用户体验。

4.人工智能与新媒体融合的创新应用

人工智能与新媒体的深度融合是智媒时代的重要特征。创业者可以探索人工智能在新媒体领域的新应用，如智能语音交互、VR、AR 等。这些技术可以为用户带来全新的媒体体验，同时提升媒体内容的互动性和沉浸感。创业者应关注这些领域的最新进展,并结合自身资源进行创新实践。

5.跨媒体融合与生态构建

跨媒体融合已成为媒体行业发展的重要趋势。创业者可以构建跨媒体融合的生态体系,将不同形态、不同渠道的媒体资源进行整合和优化配置。创业者可以建立开放的平台或联盟,吸引更多的内容创作者和合作伙伴加入,共同推动媒体行业的创新发展。同时,还可以探索基于区块链等技术的版权保护和内容分发机制,为创作者和平台营造更公平、更高效的合作环境。

6.数据驱动的新媒体营销与广告投放

数据已成为新媒体行业的重要资产,对内容营销和广告投放的精准性要求越来越高。创业者可以利用大数据和 AI 技术对用户行为进行深入分析,为广告主提供精准的内容营销和广告投放方案。还可以开发基于用户画像和兴趣标签的智能广告系统,实现广告的个性化推送和精准触达。同时,还可以探索基于数据分析的用户反馈机制,不断优化广告内容和投放策略。

7.新媒体设备与服务创新

随着物联网和智能家居技术的发展,新媒体设备成为连接用户与媒体内容的重要桥梁。

创业者可以开发智能音箱、智能电视、智能投影仪等新媒体设备,为用户提供更加便捷、智能的媒体体验。同时,还可以提供基于设备的媒体内容订阅、推送和互动服务,满足用户多样化的需求。

8.社交媒体管理与运营服务

社交媒体已成为人们日常生活中不可或缺的一部分,但许多企业和个人缺乏有效的社交媒体管理和运营能力。创业者可以提供社交媒体管理和运营服务,包括内容策划、发布、互动、数据分析等。通过专业的服务帮助企业和个人提升社交媒体的影响力和运营效果。

综上所述,智媒时代下的新媒体创业方向丰富多样,涵盖了内容生产、技术创新、服务优化等多个层面。创业者应根据自身特点和市场需求选择合适的方向进行探索和深入研究,不断创新和优化产品和服务,以赢得市场竞争优势。

第十一章　新媒体行业的创新创业

第一节　新媒体行业的发展阶段

一、萌芽期(初创期)

大约从 1990 年末至 2000 年初,随着互联网技术的初步发展,新媒体主要以门户网站(如新浪、搜狐等)、论坛、博客等形式出现。这些平台具备了初步的信息发布和交互功能,但内容主要由少数编辑或博主创作,用户参与度相对较低。其技术主要基于 Web 1.0 的互联网技术,信息传递呈现单向性。

二、成长期(发展期)

大约从 2004 年至 2010 年,Web 2.0 时代全面兴起。社交媒体平台如 Facebook(2004 年成立)、Twitter(2006 年上线)以及国内的微博(2009年推出)、博客等迅速崛起。这些平台极大地提升了用户的参与度和内容的多样性,内容生产和分发不再完全由媒体机构掌控,用户也开始成为重要的内容生产者。其技术主要基于 Web 2.0 的互联网技术,促进了用户之间的交互和内容的共享,使得信息传播更加迅速和广泛。

三、成熟期(融合期)

大约从 2011 年至今,特别是随着智能手机和移动互联网的普及,新媒体形式更加多样化,移动应用、短视频平台、直播等新媒体形式呈爆发式增长态势。这些新媒体不仅提供了更加丰富的内容呈现方式,还实现了更高效的用户互动和更精准的内容推送。同时,新媒体与电商、教育、金融等其他产业深度融合,形成了新的商业模式和生态体系。

移动互联网、大数据、云计算等技术的广泛应用,为新媒体的发展提供了强大的技术支持,并带来了无限的可能性。

四、智能化阶段(创新期)

从近几年开始,特别是随着 5G 网络的商用化(如 2019 年开始的 5G 部署)、AI 技术的快速发展以及 VR/AR 技术的逐渐成熟,新媒体正逐步进入智能化阶段。这一阶段的特点是内容生产、分发和互动的智能化程度更高,用户体验更加个性化和沉浸式。同时,新媒体也将继续与其他产业深度融合,探索新的商业模式和应用场景。大数据分析和 AI 算法使得内容推荐更加精准;虚拟现实和增强现实技术为用户提供更加真实的交互体验;区块链技术可能在新媒体的内容版权保护、广告投放等方面发挥重要作用;新技术的不断涌现和应用将持续推动新媒体行业的创新和发展。

第二节　新媒体行业的创业环境

一、新媒体行业宏观环境分析

1. 政治环境

中国政府高度重视新媒体行业的发展,出台了一系列政策措施支持新媒体产业的创新和发展。这些政策为创业者营造了良好的政策环境,创造了众多的市场机遇,包括税收优惠、资金扶持等。随着新媒体行业的快速发展,行业规范和监管力度也日益加强。政府和相关部门后续将出台更多的法规和政策,规范新媒体的内容创作和传播行为,保障用户的合法权益。此外,国际关系的变化可能给新媒体产业带来机遇或挑战,如贸易战、技术封锁等。

2. 经济环境

经济增长促使消费升级,人们对精神文化产品的需求增加,推动新媒体产业发展,新媒体市场规模持续扩大。这表明新媒体行业具有巨大的增长潜力和市场空间。新媒体行业的细分领域呈现多样化,涵盖了网络游戏、互联网广告、广播电视新媒体业务等多个细分领域。其中,互联网广告市场规模占比最高,达到46.53%,显示出广告在新媒体行业中的重要地位。同时,资本市场对新媒体产业的关注度提高,为新媒体企业提供融资支持。

3. 社会文化环境

社会观念的转变使得人们更加接受和依赖新媒体,如社交媒体、网络直播等。在新媒体时代,用户需求呈现出多样化的特点。不同用户群体对于内容、形式和服务的需求各不相同。因此,创业者需要深入了解用户需求,提供有针对性的产品和服务。新媒体已成为文化传承的重要载体,有效推动文化的传播和交流。此外,教育水平的提升使得人们具备新媒体素养,对新媒体的接受度和使用度提高。

4. 科技环境

互联网技术的不断创新为新媒体发展提供技术支持。例如,人工智能、大数据、区块链等技术的应用,为新媒体行业提供了更多的可能性和发展空间。新媒体行业依托数字技术、网络技术和智能技术等,不断推动内容创作、传播和服务的创新。新媒体与传统媒体的跨界融合,为传媒产业带来新的发展机遇。然而,信息安全问题对新媒体发展构成挑战,需要加强技术防范和法规约束。

二、机遇与挑战

随着新媒体行业的快速发展,创业者面临诸多挑战。越来越多的创业者涌入市场,市场份额有限,创业者需要面对来自传统媒体、其他新媒体平台以及新兴科技公司的竞争压力,导致竞争日益激烈;在新媒体时代,优质、垂直化和专业化的内容成为吸引和留住用户的关键,创业者需要不断提升内容创作能力,满足用户对于高质量、有价值内容的需求;在信息爆炸的时代,内容质量和真实性成为用户关注的重点,新媒体企业需要加强内容审核和真实性验证,提供高质量和可信赖的内容,以保护用户权益和维护企业形象;随着用户数据的不断增长和应用,数据安全和隐私保护成为新媒体企业面临的重要挑战,企业需要加强数据管理和安全防护,遵守相关法律法规,保护用户的个人信息和隐私权益;新媒体行业的技术更新和迭代速度非常快,创业者需要不断跟进新技术的发展和应用,以保持竞争力,但同时这也给创业者带来了较大的技术压力和挑战。

虽然竞争激烈,但新媒体行业也为创业者提供了许多机遇。例如,个性化内容推荐、跨媒体融合、社交媒体管理与运营等领域都存在巨大的市场潜力和发展空间。新媒体行业正与其他产业进行跨界融合和创新发展,如与电商、教育、旅游等产业的结合,创造出更多具有创新性和实用性的产品和服务。创业者需要不断创新,提升自身竞争力,才能在市场中脱颖而出。

综上所述,智媒时代下新媒体行业的创业环境既充满机遇,又面临挑战。创业者需要紧跟技术发展趋势和市场变化,不断创新,提升自身实力,以应对日益激烈的市场竞争和用户需求的变化。同时,也需要关注政策环境和社会责任等方面的要求,确保企业的可持续发展。

第三节　新媒体行业的创业方式

新媒体创业指的是创业者利用现代多种数字化技术和社交媒体等手段,通过互联网平台传播信息,获取知识、技能和资源,实现以内容创新为主的创业模式。随着移动互联网技术的发展,传统媒体的形态已经被颠覆,新媒体创业成为新的商业趋势。

新媒体创业方式主要涵盖以下几个层面。

一、内容生产

创业者可以通过各种新媒体平台,如微博、抖音、微信公众号等,积极分享自己的知识和经验,提供优质的咨询和服务,并且借助互动活动吸引粉丝。这需要深入了解受众需求和喜好,以及掌握相关技能和工具。内容创作既可以是一个人的创业项目,也可以是一个团队的项目。

具体内容包括短视频创作与分享、垂直领域内容创作、VR/AR内容创作。随着5G技术的普及和短视频平台的兴起,短视频已成为用户获取信息、娱乐休闲的重要方式。创业者可以搭建或运营短视频平台,为创作者提供发布和分享短视频的渠道;或作为创作者,专注于制作高质量的短视频内容,吸引粉丝和广告主。垂直领域内容创作方面,创业者可以选择自己熟悉或热爱的垂直领域(如母婴、美妆、美食、旅行等),进行深度内容创作。通过提供专业、有价值的内容,吸引具有共同兴趣的粉丝群体,形成稳定的用户基础。VR/AR内容创作方面,VR/AR技术能够为用户提供沉浸式和交互式的体验,创业者可以创作VR/AR内容,如虚拟旅游、虚拟展览、虚拟教育等,为用户提供全新的体验。

二、平台服务

创业者可以通过提供社交媒体管理、内容策划、广告营销等服务,帮助企业和个人实现营销目标和业务扩展。社交媒体管理包括账户设置、内容创作、互动回复、数据分析和优化等。这需要了解社交媒体平台的规则和算法,以及与受众互动的能力。

三、个性化内容分发

创业者可以利用大数据和人工智能技术,通过开发多种移动应用程序和网站,扩大听众和用户覆盖面,根据用户的兴趣和行为习惯,为其提供个性化的内容推荐服务,增强品牌提升;提升用户体验,增强用户黏性,进而为广告主提供更精准的目标受众。

四、品牌运营

创业者可以根据自己的目标受众和品牌特点,高效推广品牌,为产品和服务的推广提供更多的资源和机会。如数字营销,包括搜索引擎优化、社交媒体营销、电子邮件营销、内容营销等。这些技能对于帮助企业扩大品牌影响力、提高网站流量、降低营销成本等方面非常重要。

五、在线教育

随着在线学习的不断发展,许多教育机构和个人都在探索新的在线教育模式。创业者可以专注于某一领域,如编程、设计、语言学习等的教育培训服务,通过新媒体渠道提供线上课程、直播课程等。这需要深入了解学习者的需求和行为习惯,设计和开发高质量的在线课程。

六、在线电商

利用新媒体平台,如微信、抖音、快手等,结合社交媒体和电子商务,开展电商业务,推广和销售商品。这需要了解平台规则和用户购买习惯,以及掌握商品选择、店铺装修、营销推广等技能。创业者可以搭建社交电商平台,或作为 KOL(关键意见领袖)在社交媒体上推广商品,实现商业化变现。

第十二章　自媒体平台创业

第一节　自媒体概述

一、　自媒体定义与发展

我们最熟悉的电视、广播、报纸杂志等都属于传统媒体。自媒体是一种区别于传统媒体的新兴形式，它富有个性化特质，人人都可以借助互联网平台发表自己的言论和观点。

自媒体是指普通大众通过网络等途径向外发布事实和新闻的传播方式。"自媒体"的英文为 We-Media，是普通大众经数字科技与全球知识体系相连之后，提供与分享他们本身的事实和新闻的一种途径，是私人化、平民化、普泛化、自主化的传播者，以现代化、电子化的手段，向不特定的大多数或者特定的单个人传递规范性及非规范性信息的新媒体的总称。

2003 年 7 月，谢因·波曼（Shayne Bowman）与克里斯·威理斯（Chris Willis）明确提出了 We-Media 这一概念，并对其进行了非常严谨的定义。自此，"自媒体"这一概念正式进入大众的视野。

自媒体的发展经历了三个阶段：第一个阶段是自媒体初始化阶段，以网络论坛（Bulletin Board System，BBS）为代表；第二个阶段是自媒体雏形阶段，主要以博客、个人网站、微博为代表；第三个阶段是自媒体意识觉醒时代。这三个阶段其实同时存在，只不过现阶段是以微博、微信公众平台、抖音为自媒体的主体，其他的相对弱小。

在中国，自媒体的发展主要分为四个阶段：2009年新浪微博上线，引起社交平台自媒体热潮；2012年微信公众号上线，自媒体向移动端发展；2012—2014年，门户网站、视频平台、电商平台等纷纷涉足自媒体领域，呈现出平台多元化；2015年至今，直播、短视频等形式成为自媒体内容创业的新热点。

二、自媒体平台的分类

自媒体平台主要分为三个类别，分别是图文、视频和直播。这三种内容形式有时候在一个平台集中，且每个类别都有比较主流的平台。

图文类的自媒体平台主要以微博、微信公众号、头条号、百家号、企鹅号、知乎自媒体等为主，这些内容平台对图文形式相对友好。微信公众号平台是较为主流的新媒体平台，优点在于平台对内容的开放度更大，以粉丝订阅模式为主，适合缓慢积累粉丝，虽然开放了类似"看一看""在看"等算法推荐，但对粉丝数量依赖较大，属于"私域"类型平台。不仅对运营者内容有要求，对使用者的运营能力要求也较高，常见的变现形式为流量主、第三方广告接单和私域流量。头条号、百家号、企鹅号则是推荐算法类平台，对内容的要求更高，比如一篇好的内容，如果符合平台的推荐算法，即使粉丝较少，也能获得较高的阅读量。知乎则属于问答类型的图文平台，变现形式以带货为主，对内容质量要求较高。

视频类的自媒体平台主要分为中视频、长视频和短视频平台，其中短视频平台最火,常见的有抖音、快手和视频号。

直播类是比较新型的内容形式,具体分为电商直播、游戏直播及娱乐直播等。常见的平台有视频号直播、淘宝、京东直播和抖音、快手直播等。淘宝和京东的直播比较垂直,适合电商类有货源或者垂直可变现的领域创作者。抖音和快手的直播内容则多元化一些,无论是游戏娱乐还是电商直播都能吸引用户、获得收益。

以下从互联网平台所属公司或主导企业的角度进行分类,大致介绍各平台的特点。

(一)阿里系平台

1.阿里创作平台

阿里创作平台于2017年3月31日正式上线,是淘宝达人平台的升级版,是阿里巴巴集团官方内容创作平台。这里用户可以发微淘、买家秀、好货心得、上新和预上新信息、进行投稿、运营达人主页、开展店铺微淘装修、完成V任务等,其支持微淘号达人、微淘号商家和品牌号三大账号类型。

2.大鱼号

大鱼号是阿里大文娱旗下的内容创作平台,为内容生产者提供"一点接入,多点分发,多重收益"的整合服务。内容创作者一点接入大鱼号,上传的图文、视频可被分发到UC、优酷、土豆、淘系客户端等多个平台,未来还会扩展到豌豆荚、神马搜索、PP助手等。

大鱼号不仅为创作者提供了展示才华的舞台,还通过商业变现功能帮助创作者实现经济收益。同时,平台上的优质内容也丰富了用户的阅读体验,提升了用户黏性。

3.优酷土豆视频

优酷现为阿里巴巴文化娱乐集团大优酷事业群下的视频平台。目前,优酷、土豆两大视频平台覆盖5.8亿的多屏终端,日播放量达11.8亿,支持 PC、电视、移动三大终端,兼具版权、合制、自制、自频道、直播、VR 等多种内容形态。业务覆盖会员、游戏、支付、智能硬件和艺人经纪等多个领域,从内容生产、宣发、营销、衍生商业开发到粉丝经济运营,贯通文化娱乐全链路。

(二)腾讯系平台

1.微信公众号

微信公众号平台,简称公众号,是给个人、企业和组织提供业务服务与用户管理功能的全新服务平台。通过公众号,可在微信平台上与特定群体进行文字、图片、语音、视频形式的全方位沟通、互动,开创了一种主流的线上线下微信互动营销方式。

2.企鹅号

企鹅号是腾讯内容开放平台的承载平台,是腾讯"大内容"生态的重要入口。通过企鹅号,内容创作者生产的内容可以通过微信、QQ、腾讯新闻、天天快报、QQ 浏览器应用宝、腾讯视频、NOW 直播、全民 K 歌等平台分发,实现"一点接入、全平台分发"的传播效果,并为创作者提供百亿资金、百亿流量、百亿产业资源支持。

3.腾讯视频

腾讯视频致力于打造中国领先的在线视频媒体平台,以丰富的内容、极致的观看体验、便捷的登录方式,24 小时多平台无缝应用体验以及快捷分享的产品特性满足用户。

4.微信视频号

微信视频号是 2020 年 1 月 22 日由腾讯公司官微正式宣布开启内测的平台。微信视频号不同于订阅号、服务号，不仅是一个全新的内容记录与创作平台，也是一个了解他人、了解世界的窗口。视频号内容以视频和直播为主，视频号可以绑定微信公众号，视频号发布的视频还能附带上公众号文章链接，实现了视频号和微信公众号的互通，为二者互相引流创造了条件。

（三）百度系平台

1.百家号

百家号是由百度专为内容创作者打造，集创作、发布和变现于一体的内容创作平台。百家号支持内容创造者轻松发布文章、图集、视频作品，百家号 App 让创作者能在手机上便捷地管理和发布文章、图集、视频等内容，随时查看内容和收入数据，以及实时接收平台公告和消息。内容一经提交，将通过手机百度 App、百度搜索、百度浏览器等多种渠道进行分发。百家号为内容创造者提供了广告分成、原生广告和用户赞赏等多种变现机制。

2.百度文库

百度文库已成为国内最大的在线文档分享平台，其内容涵盖基础教育、资格考试、人文社科、IT 计算机、自然科学等 50 多个领域的专业内容。百度文库从 2013 年开始尝试做知识付费，用户购买百度文库会员就可以下载自己需要的文档，而文档内容创作者则可以从中获得相应创作收益。2020 年百度文库全面升级为知识店铺，可以让创作者在百度文库中一键开店，管理商品、促进交易，通过可视化数据分析，以此赚取更多收益。

(四)今日头条系平台

1. 头条号

头条号是今日头条旗下开放的内容创作与分发平台,构建起政府部门、媒体企业、个人等内容创作者与用户之间的智能连接。

2. 抖音

抖音短视频,是由今日头条孵化的一款音乐创意短视频社交软件,该软件于 2016 年 9 月 20 日上线,是一个面向全年龄段的音乐短视频社区平台。用户可以通过这款软件选择歌曲,拍摄音乐短视频,形成自己的作品,也可以根据用户的爱好推送用户喜爱的视频。

(五)新浪系平台

1. 微博

微博是指一种通过用户关系的信息分享、传播以及获取平台通过独特的关注机制,分享简短实时信息的广播式社交媒体网络平台,用户可以以文字、图片、视频等多媒体形式,实现信息的即时分享、传播互动。

2. 新浪看点

新浪看点是新浪推出的智能化内容创作和管理平台,旨在服务广大媒体、自媒体、政府、企业等机构,携手打造可持续的优质内容生态。看点平台的内容将在新浪新闻客户端、手机新浪网、新浪网 PC 端、新浪微博等新浪产品中进行分发推荐,为创作者提供海量曝光机会,助力其迅速涨粉。

（六）其他系

1.小红书

小红书是年轻人的生活方式平台,以"Inspire Lives 分享和发现世界的精彩"为使命,用户可以通过短视频、图文等形式记录生活点滴,分享生活方式,并基于兴趣形成互动。小红书目前主要有社区、企业号、福利社三块业务。其内容覆盖时尚、美食、旅行等各个生活领域,每天产生超过70亿次的笔记曝光,其中超过 95％为 UGC 内容。企业号主要为品牌提供一站式闭环营销解决方案和全链条服务。福利社是小红书自营的电商平台。

2.B 站

哔哩哔哩是中国年轻一代高度聚集的综合性视频社区,被用户亲昵地称为"B 站"。B 站构建了一个源源不断产出优质内容的生态体系,涵盖生活、游戏、时尚、知识、音乐等数千个品类和渗透多个圈层,引领着流行文化的风潮,成为中国互联网极其独特的存在。

第二节　自媒体创业

一、自媒体创业的盈利模式

自媒体创业旨在通过不同的方式实现盈利,以满足自媒体创业者的经济需求。以下是一些主要的盈利模式。

1.广告合作与品牌赞助

自媒体账号积累了一定的粉丝和影响力后,品牌方可能会主动联系进行合作，要求在内容中植入品牌宣传元素或推广产品。通过与知名品牌或企业达成协议，发布广告、推广商品或服务以获得盈利。自媒体人需要谨慎选择适合自己的品牌，保证所提供信息的真实性及高质量。还有一种是品牌赞助，类似于广告合作，但可能更侧重于长期合作或特定项目的支持。品牌方会提供一定的资金或资源，以换取自媒体人在内容中的推广或特定形式的宣传。

2.付费内容与会员制度

付费阅读模式将原创作者选择的部分优秀内容设为收费项，仅供付费用户查看。这种方式可以带来稳固的收益，但需要确保内容的高质量和独特性，以吸引用户付费。此外，可以设立会员制度，通过提供特殊的会员权益和服务，如优先查看内容、定制周边等，吸引用户付费成为会员。这种方式有助于增强用户黏性，形成稳定的收入来源。

3.知识付费

自媒体人可以将自己的专业知识或技能转化为培训课程或讲座，通过线上或线下的方式向用户传授，实现知识变现。这种方式不仅能帮助他人成长，还能为自媒体人带来丰厚的回报，或者为需要个性化指导或解答的用户提供付费咨询服务，通过解决用户的具体问题来获取收益。

4.电商推广与带货

自媒体人可以利用自身的粉丝基础和影响力，推广和销售相关产品或服务。通过与电商平台合作或成为品牌代言人，在内容中推荐并销售产品，从中获得佣金或提成，形成电商推广的盈利方式。也有一些自媒体人会选择自营电商模式，自己开设电商店铺，直接销售产品。这种方式可以避免与第三方平台分成，但需要自媒体人具备一定的供应链管理能力和销售技巧。

5.线下活动与周边产品

创业者可以组织各类线下活动,如讲座、研讨会、粉丝见面会等,通过门票销售和相关产品的销售获得收入。这种方式可以增加与粉丝的互动交流,提升用户黏性,扩大自媒体人的品牌影响力。还可以将自己的原创内容或品牌形象进行创意衍生,制作并销售周边产品,如书籍、音乐专辑、服饰等,从而获取额外的收益。

6.平台流量补贴与广告分成

创业者可以获得平台流量补贴,一些自媒体平台会根据原创作者作品的播放量和阅读量换算相应的流量补贴,发放到原创作者的账户中。此外,平台会将商家的广告分配到自媒体人的作品上,当有人点击广告或浏览广告内容时,平台会给予自媒体人相应的广告分成。

7.账号交易与版权授权

在自媒体账号积累了一定的粉丝和影响力后,创业者可以将账号出售给有需要的机构或个人,根据粉丝量和账号权重定价格。或者将原创内容授权给其他媒体或平台使用,以获取版权费用。这需要自媒体人对自己的内容有清晰的知识产权意识和管理能力。

无论选择哪种方式,自媒体账号都需要具备优质的内容和稳定的受众基础。同时,创业者只有不断学习和提升自己的创作能力、市场洞察力和商业运营能力,才能在自媒体行业中脱颖而出并实现商业价值。

二、自媒体创业的步骤

自媒体创业是一个系统性的过程,涉及多个关键步骤和策略。以下是自媒体创业的基本流程。

1.市场调研与定位

深入分析公司的品牌和产品的定位,明确其特色和差异化优势。了解目标用户的基本属性和行为特征,如年龄、性别、地域、职业、消费习惯等,以便针对性地进行内容创作和传播。分析对标账号,至少涵盖 10 个对标账号,发现差异点,并学习成功经验。确定目标受众,了解他们的需求和兴趣,以此决定自媒体的类型、内容方向及传播方式。

2.策划与准备

创建一个详细的商业计划,明确目标、目标受众、预算、盈利模式、合作伙伴等。根据目标受众和内容特点,选择适合的新媒体平台,如微信公众号、微博、抖音、B 站等。确定公司的品牌形象,包括名称、标志、宣传语和页面样式等,这些都将影响用户的第一印象。

3.内容创作

制订内容计划,确定内容的主题、形式(文字、图片、视频等)、发布频率等。重点要创作有价值、有吸引力的内容,确保内容能够解决用户问题、提供有用信息或带来娱乐享受。可以考虑多样化的内容形式,如博客、视频、社交媒体帖子、电子邮件、新闻通讯等。

创业者应将重点放在优质内容的创作上,使文章获得较高的自然推荐量。内容创作环节在自媒体创业流程中占据的时间比例最大,其核心的部分不是表达而是选题策划。做好内容选题是为了更好地吸引用户。创业者要围绕产品本身的定位和用户需求去确定内容的选题方向。其中,追热点选题是较常用的选题手段,也是提升文章阅读量的有效方式。

4.推广与营销

实施 SEO 策略,提高网站或平台在搜索引擎中的排名,增加曝光率和流量。利用各种网络渠道进行推广,如社交媒体广告、搜索引擎营销、内容营销等。管理和维护社交媒体账号,定期发布内容,与粉丝互动,增加用户黏性和活跃度。与其他品牌或自媒体合作,进行联合推广或内容合作,扩大影响面。

5.监测与优化

监测和分析数据,了解哪些内容最受欢迎,哪些策略最有效,以及用户的行为习惯等。根据数据分析结果,优化内容策略、推广策略和用户体验,以提升推广效果和用户满意度。

6.持续更新与可持续发展

持续更新内容,确保用户始终有新鲜的内容可看,增强用户黏性。根据市场反馈和用户需求,不断迭代和改进产品或服务,以维持竞争优势。同时,根据内容特性和受众特点,探索适合的盈利模式,如广告收入、会员制度、电商变现等,确保业务能够持续盈利和增长,为长远发展奠定基础。

第四篇

案例篇

第十三章 "益"村"意"品，乡"聚"未来

项目来源：2022 年国家级大学生创新创业训练计划项目

团队成员：浙江树人大学　俞雨珂　严婉瑜　李云龙　钱帅　叶李涛　刘钦

第一节　项目概况与市场分析

一、项目来源

随着乡村振兴进入高质量发展阶段，浙江省作为全国共同富裕示范区，为深入践行党中央提出的"五大振兴"（见图 9），以党建为统领，以人本化、生态化、数字化为建设方向，通过"一村镇一品牌"的规划思路，在积极为未来乡村的发展提供场景设计、实现及落地的一站式解决方案的同时，搭建起国内首个村镇原创 IP 品牌及公益项目的联动平台。

"风至自灵动，策高当行远"。高质量发展建设共同富裕示范区，最大的使命在乡村，最大的机遇在乡村。为深入推进党史学习教育往深里走、往实里走，助力拓宽农民致富渠道，提升农民精神风貌，打造生态宜居安定和谐的美丽乡村，2022 年 4 月 14 日，浙江省青年联合会召开全体会议

强调,把青年发展放在共同富裕的大格局中谋划,努力将"青年发展型省份"打造成为共同富裕美好社会的标志性成果。

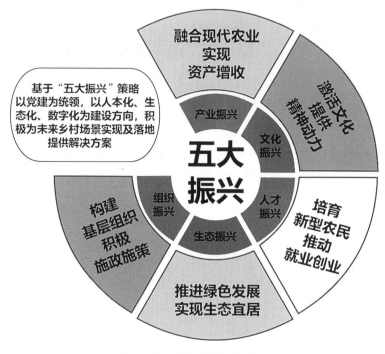

图 9 "五大振兴"概念阐述

因此,探索青年助力共富背景下助力未来乡村发展,担负起时代赋予青年的使命与担当,已然成为青年融入国家发展大局的重要任务。

团队成员秉承以青年之力助推浙江省乡村振兴建设的初心,期望助力浙江省形成全域美丽、全面提升、全民富裕的共富共享均衡图景,将浙江的未来乡村建设成为农民幸福生活的美好家园、市民旅游休闲的理想乐园、大众创业创新的希望热土以及浙江共同富裕的展示窗口。基于此,创建了"益"村"意"品,乡"聚"未来项目组。

二、项目简介

本项目在现有乡村规划的商业化模式中融入公益性,主推未来乡村主题 IP 系列规划项目,以打造具有鲜明个性化、地域化、产业化、可持续的原创乡村 IP 产业生态矩阵为载体,提供一站式的未来乡村场景设计、实现及落地方案,助力共同富裕背景下未来乡村、社区的建设与发展。

项目组依托所属区域的杭绍一体化乡村发展布局优势,通过对村落的实地考察,发挥专业特长,力求加速实现全方位的共同富裕,立足实际,兼顾商业化与公益性,为杭绍两地村落打造个性化、地域化的原创乡村 IP 产业生态矩阵(见图 10),彰显未来乡村规划项目所具备的公益性、创新性和可持续性。

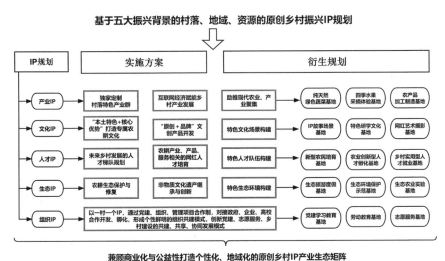

图 10　原创乡村 IP 产业生态矩阵

项目团队拥有丰富的项目运营经验与基础。2021年团队深入乡村和基层社区调研80余次,前期规划项目落点于杭州萧山临浦镇、杭州建德市灵栖村、绍兴市安华村、丽水市松阳县、台州临海市白水洋镇黄坦乡上宅村等多地。

前期项目通过实地走访、问卷调查、个别访谈、座谈研讨、大数据收集与分析等形式,广泛听取村民、村镇"两委"、专家、企业、地方政府和有关方面的意见建议,根据新时代"三农"工作部署和《国家乡村振兴战略规划(2018—2022年)》的文件要求,结合实际调研结果,成功打造出"探越寻蔬香,悠然见安华"(绍兴安华村)、"茶香墨韵,仙灵栖止"(杭州建德灵栖村)、"心临距离"(杭州萧山临浦镇)、"千年古街,匠心生活"(丽水松阳县)等精品乡村规划项目。这些设计方案受到当地政府、村民的高度认可,社会效应明显。相关项目先后荣获省级相关竞赛银奖、铜奖,绍兴市相关竞赛三等奖等多项。

中期阶段,项目组将入驻"未来乡村·公益联盟",参与余杭的未来乡村公益之行,与未来乡村公益组织一起共享社会资源、共建未来乡村、共创美好家园。

此外,项目组成员积极发挥青年志愿者优势,主动加入"青山调小青"未来乡村青年志愿者联盟,主动参与矛盾纠纷化解和服务青少年群众,发挥新村民的人员力量和专业优势,帮助老村民解决生活和创业过程中存在的一些实际问题,成为新村民与老村民之间沟通交流的桥梁纽带。

在项目开发过程中,团队始终探索着可复制、可推广、可借鉴的优质未来乡村主题IP系列规划之路。2022年下半年,项目组将以浙江省为出发点,服务福建省、甘肃省及广西壮族自治区等多个省份的13个未来乡村意向建设村落,对其提供公益性质下的一站式未来乡村场景设计、实现及落地方案,为推进乡村振兴战略提供青年力量。

三、宏观市场分析

我国农村产业的发展有着漫长而曲折的历程。根据农业农村部印发的《"十四五"全国农产品产地市场体系发展规划》。目前,我国的农村产业发展主要依托乡村振兴战略,已经实现了巨大的转变。农村产业融合正处于从起步阶段向加速阶段迈进的关键时期。

农村产业的发展改变了农村的生产面貌,让农村产业实现了由第一产业为主、第二产业为辅的结构,转向第一产业为辅、二三产业为主的结构。根据国家统计局资料,我国农村一、二、三产业发展均取得了显著成效,其中第一产业增长最快。

此外,根据国家统计局资料,我国农业产品市场规模已突破万亿元大关。2018—2019年,我国农业产品市场规模增长率同比加快,但在2019年发生转折,农业产品市场规模同比增速大幅减缓,农业经济效益增值乏力。

我国农村互联网的普及、文化基因深入挖掘,尤其是乡村振兴战略下打造农村产业融合特色产品成为新的发展理念,这些因素为农村产业发展注入了新的活力,农村产业链不断延长。据文化和旅游部、农业农村部发布数据,农村休闲农业和乡村旅游行业、农村电商行业、所占的市场份额也快速增长,创意乡村在未来乡村振兴的发展潜力巨大。

四、微观市场分析

在"八八战略"的指引和全面乡村振兴战略的推动下,浙江乡村旅游深入践行"绿水青山就是金山银山"理念,积极探索"两山"转化的"解题思路",走出了从乡村观光到乡村休闲,再到乡村旅居的发展之路,实现了从美丽生态到美好经济再到美满生活的精彩蝶变,勾勒出从先行先富到带动后富,再到共享共富的致富图景,浙江乡村已经成为向世界展示中国乡村旅游的"重要窗口"。

2020 年,在全省接待的 5.7 亿人次游客中,乡村旅游占比高达 65%,实现旅游经营总收入 431.3 亿元,带动就业 44.6 万人次。浙江乡村旅游正在共同富裕的大道上加速奔跑。此外,在浙江美丽乡村建设相关报道中,涉乡村旅游占比达 58.1%,乡村旅游的发展也拓展了民宿经济和农村电商的市场空间(见图 11)。

截至 2021 年,浙江省共创成 A 级旅游景区村 10083 个,其中 AAA级 1597 个,村庄景区化总体覆盖率达 49.4%,提前一年完成万村景区化五年行动计划目标。47 家景区村入选全国乡村旅游重点村名录,数量居全国第一。在万村景区化工程的助力下,全省山区 26 县县域乡村旅游发展远超全国平均水平,休闲农业和乡村旅游产业规模超千亿。

图 11　2021 年浙江美丽乡村建设相关报道关键词

第二节　产品与服务

一、产品简介

1.原创专属村落"吉祥物"IP形象设计与打造

(1)杭州建德市灵栖村形象——墨墨、灵灵

墨墨——与我一起,执笔敬年华

设计理念:以灵栖村作为浙江省书法村的优势,设计手拿毛笔的形象IP,寓意灵栖村对于书法领域的研究。墨墨形象处于正在书写状态,暗示游客前来需提笔共留墨宝(见图12)。

图 12　墨墨形象设计

灵灵——古茶敬客人,灵栖驻你心

设计理念:双手端举茶杯敬茶的形象,体现出人物对游客的欢迎,快快坐下喝杯茶的热情款待。人物头顶茶壶,也蕴含着灵栖之行须当饮一杯茶的寓意(见图13)。

图 13　灵灵形象设计

（2）绍兴市安华村形象——安安、华华

安安——辛勤耕作，朴实安乐

设计理念：安安以安华村耕田朴实的村民形象为依托，原型为村民在月亮湾蔬菜园区种植时的形象。旨在利用该 IP 彰显安华村村民勤劳工作、热爱土地的中国好农民形象（见图 14）。

图 14　安安形象设计

华华——蔬香安华,丰收等你

设计理念:华华以手捧蔬菜的 IP 形象呈现,体现安华村蔬菜丰收的盛况,人人都能满载而归,用其笑容表现收获之际安华村民的满足与幸福(见图 15)。

图 15 华华形象设计

2.原创 IP 衍生文创产品开发、设计与销售

(1)杭州建德市灵栖村系列文创产品(见图 16)

图 16 灵栖村系列文创产品

（2）灵栖村游玩点集章卡（见图 17）

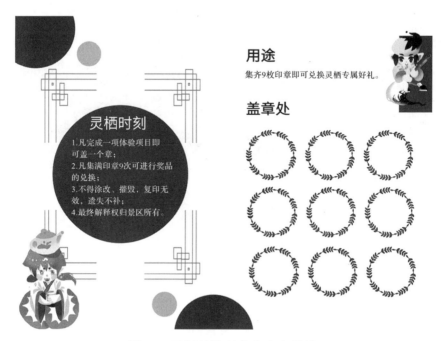

图 17　灵栖村游玩点集章卡设计

（3）灵栖村进出口易拉宝展示（见图18）

图18　灵栖村进出口易拉宝展示

3. VIS理念的乡村专属文化IP设计与注册

VIS设计理念阐述：视觉识别系统（Visual Identity System, VIS），是公司系统的重要组成部分，是将企业理念、企业文化运用整体的传达系统，通过标准化、规范化的形式语言和系统化的视觉符号，传达给社会大众。其具有突出企业个性，塑造企业形象的功能。

下文为项目组为合作公司极创文化专属 VIS 设计案例部分展示，后续将运用到未来乡村模式板块，打造专属乡村文化 IP。

二、服务简介

1.未来乡村专属场景 IP 方案规划设计服务（见图 19）

(a)   (b)

（c）

（d）

（e）

（f）

（g）

（h）

（i）

图 19　未来乡村专属 IP 方案,规划设计方案(部分)

2.党团共建 IP 项目搭建与设计

(1)绍兴市安华村党建交流平台构建情况(见图 20)

图 20　绍兴市安华村党建交流平台

(2)绍兴市展望村劳动教育基地建设共建落地场景(见图 21)

图 21　绍兴市展望村劳动教育基地

3.农耕产业、产品、服务相关的网红人才培育服务

该项目由杭州越湖文化有限公司提供网红人才培育课程教学及实践,优质学员可参与公司"红动未来"的直播带货网红团队,成为越湖传媒旗下的签约主播。

三、产品与服务优势

1.公益为先,兼顾商业

本项目通过组织 IP 项目的设计与推进,从乡村规划的顶层设计中融入党建、组织、管理领域的共建、共享、共开发模式,通过村企、村校红盟缔结、党团共建、志愿服务、劳动教育、社会实践等方面,与三地"两委"达成深度合作意向,为乡村规划注入品牌、人才、服务资源。现有项目先后受到多家媒体的广泛关注和高度评价,相继被中国大学生在线、杭+新闻、《杭州日报》《每日商报》《柯桥日报》、越牛新闻等 14 家大型官方媒体竞相报道,其中单篇报道最高阅读量高达 8 万多。

2.乡村规划 IP 化

IP,即 Intellectual Property,可直译为"知识产权"。但在当下语境中,IP 不仅仅指知识产权,更是指具有强大生命力和较高商业价值的跨媒介文化元素的生产与运营,一般是产品或者品牌的代名词。本项目将IP 与乡村环境、乡村文创产品、乡村互联网宣传等媒介相结合,甚至通过跨界合作,让 IP 成为乡村的代言人。

3."乡村 IP"生态化、矩阵化

项目组基于五大振兴宏观背景下制定乡村振兴 IP 规划,其中,产业IP、文化 IP、人才 IP、生态 IP、组织 IP 共同形成生态化产业链;这五大关键方向以 IP 塑造为核心,形成规划工作的"向心力",助推乡村 IP 规划朝着矩阵化方向稳步迈进。

4."乡村 IP"实体化、实物化、衍生化

项目组与浙江一礼文化发展有限公司(以下简称"一礼文化")达成合

作意向,由"上新了·故宫"文创团队设计开发原创乡村 IP 文创单品,打造项目文化 IP 产品体系,团队将文化融入产品,随游客走出乡村,走进更多人的视野,成为传播乡村文化的载体。令其具备较高品牌辨识度,有助于乡村摆脱"千村一面"的"困境",跳出同质化发展的窠臼,充分发挥自身优势,提升市场竞争力。

<h2 style="text-align:center">第三节　商 业 模 式</h2>

一、生产模式

1.按单设计(Engineer to Order,ETO)

按照某一特定客户的要求进行村落的 IP 原创设计,支持客户化的设计是整个生产流程的重要功能和组成部分。在实际生产过程中,各项工作都可能有不同的操作、不同的费用,需要不同的人员来完成。原材料方面,除了特殊产品专用材料,也有一些与其他产品共享的通用材料。这一生产模式的主要优势在于产品都是为特定客户量身定制,最终产品呈现私人高级定制效果。

2.按单生产(Make to Order,MTO)

根据顾客原先的订单设计制造顾客所需的产品。而生产计划则是根据收到订单中所指定的产品的物料清单(Bill of Material,BOM)来生产、排程及购买原料。这种模式完全根据顾客的特殊要求制造其所需产品,将存货降至最低。

3.项目文化 IP 生产链展示(见图 22)

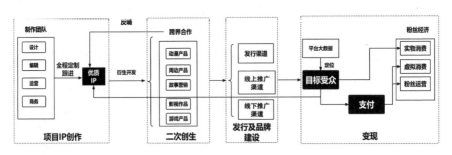

图 22　项目文化 IP 产业链

二、销售模式

1.客户群体

区域定位——浙江省。

客户群体——未来乡村构建意向村。

2. 商业销售模式

市场营销模式采用传统销售模式与现代销售模式相结合,如图 23 所示。销售阵地集中在现代销售模式,以移动终端的 App 模式及互联网模式下的线上全方位布局 B2C 平台＋垂直电商＋自媒体＋KOL 口碑等进行传播与推广销售。

3.爱达模式

爱达模式是指把顾客的注意力吸引和转移到产品上,使顾客对销售的产品产生兴趣和催生购买欲望,最终促使顾客实施购买行为。

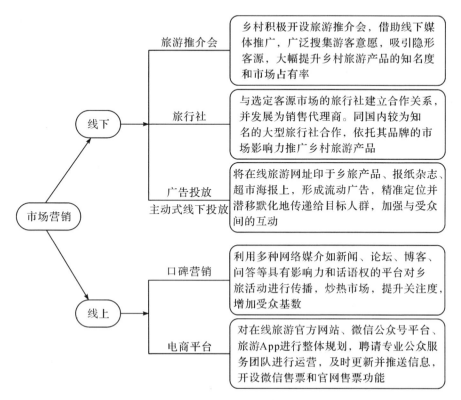

图 23　市场营销模式

4.迪伯达模式

迪伯达模式销售全过程可分为六个阶段:准确发掘顾客的需求和欲望,把顾客的需求和欲望与销售品结合起来;证实销售品符合顾客的需求和欲望,促使顾客接纳销售产品,激发顾客的购买欲望,促使顾客采取购买行动。

三、盈利模式

盈利模式主要有以下几种:

（1）多元获利。通过切入单一流量入口，为客户提供多元化服务，从而实现从同一客户身上赚取更多的利润目标。

（2）免费战略。采用 IP 免费授权、软件或者服务免费，抢先占领市场，把产品当作吸引流量的工具，进而快速形成市场垄断。

（3）成本战略。优化产业链成本，通过效能提升，降低各环节损耗，从而让利用户；通过压缩、优化供应链管理及仓储成本，降低用户购买成本。

（4）用户思维战略。以用户价值取向为中心，构建新的商业模式。通过接近成本价的定价策略，为用户提供高性价比的产品，获取大量用户之后，开发出更多其他品类的产品，利用衍生品的配件、服饰、金融、内容产品、规模效益差赚取利润。

（5）生态链闭环战略。用户入口形成独特体验的封闭空间，转而从其他价值链获取利润。例如，苹果模式、腾讯模式通过单一产品构建庞大的用户基数，形式闭环效应。在此基础上，通过收取附加增值费、服务差异费等，实现价值变现。

四、竞争优势

1. 竞争分析

竞争分析具体情况见表 5。

表 5　项目竞争分析

	项目	传统乡村规划公司	政府乡村规划部门
定位	兼顾商业化与公益性打造个性化、地域化的原创乡村 IP 产业生态矩阵	商业化的一站式乡村规划模式	统一规划的单一式乡村规划

项目		传统乡村规划公司	政府乡村规划部门
功能	以公益性的组织 IP 共建村落党建服务保障体系。 未来乡村的整体 IP 产业生态系统，形成村落专属定制方案。 致力于 IP 产业化、在地化、集群化、个性化，形成以"本土特色＋核心优势"的当地农耕文化符号与品牌，强化其场景化、人格化的体验感受。	以阶梯型收费标准对乡村规划进行商业化设计。 挖掘乡村可盈利性产品，对其进行商业化包装。	改造乡村基础设施。 对房屋进行统一规划部署，呈现整齐划一的新农村风格。
优势	实现乡村规划产业的商业化与公益性的平衡与兼顾。 发挥当地企业、高校作用更好地助力共富背景下未来乡村的发展，通过组织 IP 项目的实施，打造"青年发展型省份"成为共同富裕美好社会的标志性成果。 彰显未来乡村规划的创新性、生态性、可持续性。		

2. 核心竞争力

核心竞争力主要体现在以下方面：

(1)团队文化创意能力较强。项目原创设计团队成员均来自中国美术学院文创院、西南大学美术学院、浙江工业大学艺术学院及温州大学艺术学院，专业知识扎实、创新能力出众，打造的原创设计 IP 形象于互联网平台点击率超十万，粉丝基数庞大。

(2)团队社会资源较为丰富。项目目前合作公司五家，即浙江一礼文化有限公司、浙江宏媒运营管理有限公司、杭州汛曦科技有限责任公司、就创(杭州)信息咨询服务有限公司、杭州亚东广告有限公司，能够为团队运营提供多方面的支持，促使项目加速落地(见图 24)。

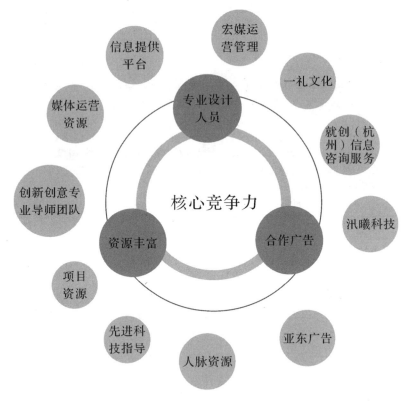

图 24　核心竞争力分析

（3）创始团队能力互补,怀揣以原创力量助推产业发展的初心。有人擅长管理与运营,有人能敏锐把握产品定向、品牌与设计调性,有人擅长设计开发与产品升级战略制定。基于团队成员的专业能力,创始团队满怀信心、立志打造文创行业的优质品牌。

（4）团队媒体资源较广。与中国大学生在线平台、今日头条、《杭州日报》、杭＋新闻、越牛新闻、《柯桥日报》、《每日商报》、笛扬新闻等媒体平台建立友好关系,拥有庞大粉丝资源,其中抖音号、小红书、Nice 平台等全网账号的粉丝量超过 40 万,为项目宣传提供强有力的保障。

团队目前拥有的平台运营账号部分资源(见图 25)。

图 25 部分平台运营账号

五、核心团队

团队由多学科专业性人才组成,充分体现了在"新文科""新农科"理念之下的交叉性人才发展趋势(见图 26)。

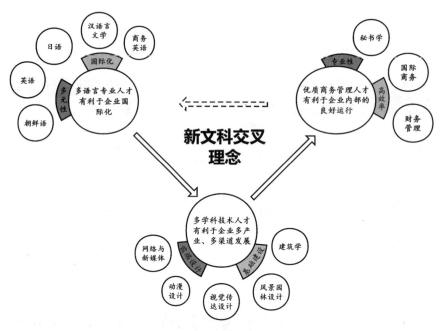

图 26　团队成员专业学科示意

　　团队成员拥有一定的策划经验,在项目推进过程中发挥了一定的专业优势,且团队内有专业的摄影人员,为项目的发展记录重要瞬间。公司创始者有着两年的乡村振兴竞赛实践经历及乡村建设规划经验,为项目的发展目标与方向出谋划策。同时,团队积极拓展外部合作,与浙江一礼文化公司等实力文创品牌公司建立了良好合作关系。

　　1.团队核心成员简介

　　(1)运营总监——李云龙

　　曾参与省级、市级创新创业大赛,积累了宝贵经验。在校期间组建产品营销推广团队 200 余人,推动项目发展,年利润突破 10 万元。个人具备较强的融资能力与营销能力,商业洽谈经验丰富。

　　(2)首席执行官——严婉瑜

负责团队协调及公关工作,以及整个项目的规划和管理运营。曾主持国家级、省级、校级等各类创新创业比赛 10 余项,具备较强的执行能力。社会资源较广,有较为突出的公关能力与领导能力。

(3)外联总监——俞雨珂

具有较强的创新思维和实践能力。曾参与中国国际"互联网＋"大学生创新创业大赛、挑战杯等竞赛。有较为突出的组织和领导能力,曾担任校人文与外国语学院 2020 暑期社会实践团分队负责人,积极参与校内活动策划,获校社会实践先进分子荣誉。知识体系多元,横跨管理学、市场营销学、新媒体传播学、古代文学、心理学、电子商务等多个领域,属全面发展型创业者。

(4)技术总监——钱帅

具备专业的电子设计技术,曾多次主持省级电子设计竞赛。具备较强的电子设计、物联网技术等专业知识,为项目提供强有力的技术支撑。

(5)财务总监——叶李涛

具有较好的语言表达能力与逻辑思维,曾主持校小青树宣讲活动,获得"好学好习惯"演讲大赛优胜奖与浙江省大学生中华经典诵读竞赛校赛优胜奖。同时,具有较为突出的组织能力与团队合作能力,为院团委干事,属于潜力型创业者。

(6)监事——刘钦

具有很好的商业头脑、创新思维。曾获中国国际"互联网＋"大学生创新创业大赛、国赛优胜奖、省赛铜奖校赛特等奖等各类创新创业比赛奖项 10 余项,浙江省石林创业杯优秀项目奖、校双创之星等 10 多项。有较为突出的自学能力、发现与解决问题能力、团队领导能力。

(7)设计总监——王巍巍

西南大学美术学院视觉传达设计专业学生,青年媒体中心负责人。

专业技术过硬,创意丰富。曾设计出多个人气 IP 形象,所撰写的媒体报道文章 10 余篇,累计浏览量达 10 万以上。

2.团队顾问简介

团队顾问——郑磊。

浙江一礼文化发展有限公司创始人,杭州市温州商会新生代理事,"2022 年中华老字号创新奖"获得者。

浙江一礼文化以努力弘扬传统文化为己任,成为第一家将故宫文化以快闪、文创展销的新方式引入浙江的企业。一礼文化联合故宫出版、故宫文创、故宫珠宝、故宫淘宝等合作方,带动文化回归潮流,并获得《上新了·故宫》线下实体展示区域落地计划授权及上新了·故宫"山海文渊"系列文创衍生品开发销售授权。

3.指导老师简介

(1)第一指导老师——赵芮

曾主持、参与教育部、浙江省社科联、浙江省教育规划等多项科研项目,并作为第一指导老师,指导国家级大学生创新创业训练项目、职业生涯规划大赛、"互联网十"大学生创新创业竞赛项目多项。

曾获 2021 年浙江省第四届乡村振兴大学生创意大赛银奖、2020 年浙江省第三届乡村振兴大学生创意大赛银奖、2020 年度浙江省"互联网十"大赛红旅赛道银奖、2019 年度浙江省大学生职业生涯规划大赛 A 类三等奖、2016 年度浙江省大学生职业生涯规划大赛 C 类一等奖。

(2)第二指导老师——丁赞华

曾获 2021 全国民办高校优秀辅导员称号,省级海洋知识创新竞赛优秀指导老师奖、"浙江省青年讲师团"及市级"青年大学习大中学校青年讲师团"的讲师、大学生社会实践擂台赛最佳指导老师奖。

曾在"挑战杯"、"创青春"及学科竞赛等活动中,指导学生获得国家级奖项 2 项、省级奖项 16 项、市区级奖项 5 项;参与厅级课题 2 项,主持校级课题 1 项、发表学术论文 6 篇;荣获省、市级荣誉 5 项,校院级荣誉 8 项。

第四节　发展规划

一、产品升级

项目产品升级主要从农村机械技术、农村电商、乡村旅游、休闲农业、农村公益、农村文创等六个方面进行,最终成功打造"畅通便捷、安全绿色、产业融合、供需适配、保障有力"的农村产品市场体系。具体方式如图 27 所示。

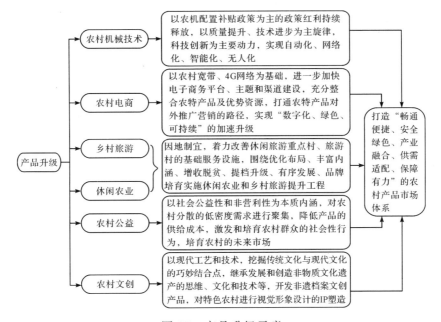

图 27　产品升级示意

二、产品开发规划

1.共同富裕基本单元的建设

以《中共中央国务院关于支持浙江高质量发展建设共同富裕示范区的意见》明确的浙江示范区建设的四个战略定位为指引,即以打造高质量发展高品质生活先行区、城乡区域协调发展引领区、收入分配制度改革试验区、文明和谐美丽家园展示区为风向标。

团队将在未来与浙江省内共同富裕试点村落达成合作,合作主要方向为:一是塑造生态 IP,依托当地环境、打造净美人居城镇环境;二是塑造产业 IP,提升共享互利的城镇品质、培育特色集群、壮大城镇经济;三是塑造文化 IP,挖掘人文资源,讲好乡愁古韵的城镇故事;四是塑造组织 IP,实现党建统领的城镇善治;五是塑造人才 IP,将新型全能人才培育与共同富裕目标相结合。通过这五大合作塑造,推动共同富裕基本单元的建设落到实处,推向纵深、亮出新意。

2.未来乡村展示窗口建设

目前,项目组引进的建筑学专业领域人才团队已完成未来乡村初步规划,未来将从衍生产业至未来乡村建设的实地规划,迭代升级未来邻里、现代产业、公共服务、乡村文化、特色风貌、绿色低碳、乡村善治等场景,期望建成一批引领品质生活体验、呈现未来元素、彰显江南韵味的示范性乡村新社区,将未来乡村展示窗口落地"浙"里。

三、市场拓展

市场拓展主要从商业化市场拓展与公益性基地拓展两方面进行。目前主要对旅游、劳动教育及露营三方面进行扩展,如图 28 所示。

1.商业化市场拓展

(1)绍杭地区一级客源市场

绍杭地铁直通使绍杭地区作为乡村旅游发展的核心客源市场,主推周末半日游到两日游的旅游产品,保持稳定的客流量。产品类型主要是观光游憩、乡村体验,消费层次以中低档为主,辅之高层次的度假疗养、康体养生等文化之旅。

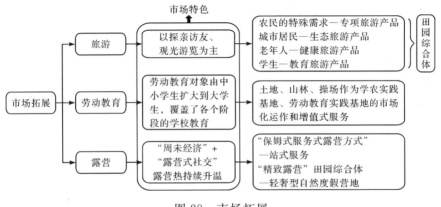

图 28　市场拓展

(2)浙江省省内二级客源市场

浙江省南部城市居民作为核心客源市场,主要是节假日市民休闲游览观光,打造 2 小时旅游经济圈精品旅游线路。主要以休闲度假、文化体验类的产品为主,扩大乡村旅游市场在浙江省范围内的旅游知名度市场份额。

(3)国内三级客源市场,辅之港澳台以及国外市场

在乡村旅游品牌建立并小有名气后,应当将中、东部沿海发达城市客源纳入客源市场内,尤其应注重江苏、福建、安徽这几个周边省份和上海客源市场的拓展。乡村文化具有得天独厚的优势,通过民俗、地质等特色资源吸引包括港澳台游客在内的境外游客。以科普教育和休闲度假类的

中高端产品为主。

2.公益性基地拓展

(1)全民志愿活动基地

与未来乡村建设村落达成志愿服务协议,构建起全民志愿的服务基地。以志愿服务的形式组织高校党员、学生下到基层,为村落建设贡献青春力量。同时借助高校学生资源,为村落留守老人送去陪伴、帮助村落儿童学习、助力村落学校落实"双减"政策等。

(2)研学教育活动基地

深度挖掘未来乡村建设村落的非物质文化遗产、村落优质文化、农耕文化等有助于大中小学生成长的文化元素,建设独特的研学教育活动基地,让春秋游出行从单纯的"玩"到多元的"玩",贯彻寓教于乐的教育理念,将大自然的馈赠与传统文化的传承融入成长,形成学校、村落、家庭的三赢。

四、组织扩充

1.设计组织扩充

从艺术设计到城乡园林规划设计,让文化创意从云端平台、趣味元素、装饰性应用转换到实体规划,扩展公司的业务范围,创造更多盈利点。

2.合作组织扩充

在跨界合作思维主导下,将乡村、高校、企业三者融合,从高校创新及专业思维赋能乡村振兴所需,乡村则为高校提供实践基地,给予广大学子提供广阔的空间,企业将创意成果转化为实际生产力,兼顾公益性的同时实现盈利。

3.专家组织扩充

邀请各领域专家加入项目组,提高文本的规范性、落地的可行性及实施的科学性。

4.团队组织扩充

引进多学科、多领域、多方面发展的新型人才,优化团队结构,以便更好地拓展业务范围。

第五节 风险评估与发展前景

一、风险评估与管理

企业进行风险评估有利于企业在面对风险时做出正确的决策。现阶段,新兴文化传媒公司所面临的环境非常复杂,有效的风险管理机制关系到企业能否在多变的市场环境中做出正确的决策,实现经营目标并提高经济效益。

健全企业风险评估机制,应从完善风险评估机制程序、改进环节中的不足、选取合适的评估方法入手,以达到避免、控制、转嫁、保留与承担、降低风险损失和加强风险防范的目的,保证整体经济健康发展。

经过一系列评估,得出风险评估图示(见图29)。

图 29　七大风险

二、风险分析与规避措施

风险分析与规避具体措施见表6。

表6　风险分析与规避措施

风险类型	风险分析	规避措施
创意确权风险	在知识产权及智慧、创意权属确认上存在保护范围过窄、程序烦琐、费用过高等阻碍发展的因素。	及时进行版权确权认定。 事先了解好各项保护措施及流程,在公开创意之前做好原稿保留、创意制作过程时间线记录等工作。
设立退出风险	文化创意企业或者服务项目的设立、变更、终止等行政审批、许可程序复杂,多部门管理,部分文化创意项目市场准入门槛高。	建立多样化文化创意类项目,完善由低至高门槛创意项目,提供多项备选方案,在A方案被门槛否决时及时替换。 设立公司专人负责或工商事务外包,减轻核心成员压力。
融资风险	作为新兴的轻资产产业,得到国家资本扶持需要具备一定条件,民间资本又保持着审慎的态度,导致企业融资困难,发展缓慢。	多维度发展公司业务范围,将线上线下产业进行融合发展、提高生产效率、加速文创数字化进程,提高净利润。 研发新形势下迎合老百姓的新产品,一方面开拓和上线新产品,另一方面积极推进与科技融合,切实为人民群众提供能跨时空的、互动性强的产品,满足跨时空消费所需。
资产转化风险	把创意产品化,并通过市场化推广,销售给最终的消费者,销售过程中的营销策略不当会导致资产转换率低。	打造"懂客户、知产品、能卖货"的高质量销售团队,让员工成为提高资产转换率的重要环节。 提升产品自身品质,拓宽销售渠道,巧妙利用线上平台与线下地推相结合的营销策略。
品牌媒体风险	中小微企业缺乏品牌推广和媒体宣传资源导致出现发展瓶颈。	引进品牌推广人才。 打造个性化的官方自媒体账号。 与优质博主合作、冠名电视广告,提高产品的曝光率。
管理风险	管理是一个系统工程,而创业者很少重视管理风险,有些风险即使重视也很难规避。	学习优秀企业管理模式。 实行项目责任到人、任务到人的管理制度,按劳分配、奖金优厚,提升员工的幸福感与获得感。
维权风险	知识产权、创意权属保护体系不够完善,出现侵权现象。	聘请专业律师团队。 及时保留侵权证据,利用法律途径解决纠纷。

三、风险预警

风险预警指标体系设计的目的是帮助企业实现经营目标、战略目标和业务绩效目标。任何脱离目标的设计没有意义。正如图 30 所展示的，这便是企业风险预警机制的基本框架。

风险预警指标体系设计是一个在实践中摸索创新的过程，需要具体分析，根据要解决的问题量身定制，是一个从小到大，从单核心到多核心的发展路径，并且需要反复检验修正，才能日趋完善。

我们将通过此机制监测与预评估风险对于企业的影响，分析企业面临的危机并采取有效的解决措施，保证企业从容面对创业危机。

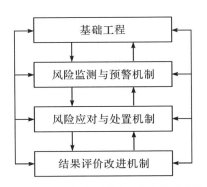

图 30　企业风险预警机制的基本框架

四、发展前景

1. 短期成效（2021—2022 年）

（1）原创 IP 形象和一些周边产品批量生产；

（2）在杭州注册成立公司；

(3)参加市级以上大学生乡村振兴大赛,并荣获省级银奖、铜奖,市级三等奖。

(4)2022年下半年完成村落改造,借助杭州亚运会等契机,初步推广合作村落,为村落吸引游客。

2.中期成效(2023—2027 年)

(1)2023—2024 年,"'益'村'意'品,乡'聚'未来"系列在抖音、小红书、微博等社交平台推广,覆盖面达千万人次,文旅项目实现旺季客日流量 20000 人次、淡季客日流量 3000 人次。此外,线上产品销售额稳定维持在 20 万元/月,使得线上产品销售与线下文旅项目的盈利齐头并进。

(2)2025—2026 年,实现文创系列五期产品落地、签约合作旅行社 50余家、文创系列成交额达百万元。

(3)2027 年,"'益'村'意'品,乡'聚'未来"系列品牌成为浙江省内未来乡村规划的示范性项目。

3.长期成效(2028 年及以后)

以打造国家级田园综合体、未来乡村示范村作为总目标,打造全国乡村文旅示范基地,使其可以作为全国新乡村建设的范本。主动践行文创赋能理念,用"金点子"打造未来乡村旅游的"金招牌"。紧紧围绕从定位、产业发展、村庄建设等多角度进行全面规划的主要任务,主动对标"全国生态文化村、全国美丽乡村创建点"建设标准,打造浙江未来乡村振兴新样板,为浙江省乡村振兴战略取得全面胜利贡献力量。

第十四章 智媒链造文旅——亲子文旅生活的全生态新媒体平台创建

项目来源:2024 年国家级大学生创新创业训练计划项目

团队成员:浙江树人学院 季欣怡 林聚果 骆遥 尤奕文 柯紫玲

第一节 项目概述

一、项目简介

本项目是一项综合性的家庭旅游宣传推广服务,旨在构建媒体矩阵,推出亲子全生态的概念。通过打破传统的亲子范畴,构建"旅在"系列亲子账号的媒体矩阵,为现代家庭提供一个可以覆盖少、中、老三代人的全生态媒体平台。基于现代家庭生活中存在的亲子问题,本项目的核心理念是通过旅游活动修复和加强家庭关系,治愈心灵,并推广健康的生活方式,满足现代家庭对高质量休闲和情感交流的需求。

本项目扩大了亲子范畴,将目标受众分为"少、中、老"即"晨光族、正午族、金辉族"三类,对亲子文旅的界定不局限于传统的"教育孩子,陪伴成长"——父母带着孩子出去游玩,还有"反哺家庭,关爱老人"——拥有经济能力的成年人带着父母出去看世界。通过自媒体平台进行内容营销和用户触达,利用精准的广告投放和互动活动吸引目标客户。内容创作团队致力于设计各种亲子互动游戏,如户外探险活动和健康生活工作坊,旨在提升家庭成员间的沟通和理解,同时关注每位成员的身心健康。此外,项目团队打造的"喵了个趣"表情包 IP,以其强亲和力的形象和趣味性的内容,成为促进家庭成员间互动的有力工具。

本项目在商业上具有明确的定位和盈利模式。通过与亲子相关的商家合作,如儿童用品、教育机构和健康产品供应商,为合作伙伴搭建高效的宣传渠道和提供市场推广服务,从而获得广告费和佣金收入。同时,项目通过差异化定价策略,满足不同消费层次的需求,确保项目盈利。

在就业带动方面,本项目将创造一系列的工作机会,涵盖内容创作、活动策划、市场营销、客户服务、技术支持等多个领域。随着项目的扩展,项目团队还将与当地商家合作,推动相关行业的就业,如餐饮、住宿和交通服务,为地区经济的多元化和可持续发展作出贡献。

二、项目来源

本项目起源于对现代家庭亲子关系的洞察和对市场需求的观察。随着社会的快速发展,该项目团队注意到亲子关系的维护和增进已成为许多家庭的迫切需求。家长和孩子们在快节奏的生活中,面临时间紧迫、交流机会有限的困境,导致亲子间缺乏足够的互动和沟通。同时,该项目也看到了市场上高质量亲子旅游服务的巨大缺口,特别是缺乏那些能够结合教育意义和健康生活方式的旅游产品。

此外,国家政策的支持和对家庭教育的重视,以及新媒体技术的快速发展,为实现愿景创造了良好的机遇。项目团队意识到,通过创新的旅游服务和利用自媒体平台的力量,可以为家庭提供一个互动性强、教育价值高,并且能够促进家庭成员情感交流的旅游体验。

因此,该项目应运而生,旨在通过一系列精心设计的旅游活动和媒体内容,修复和加强亲子关系、治愈心灵,同时倡导健康的生活方式。项目致力于运用新媒体技术提供一系列亲子文旅内容。通过视频、图文等方式,激发亲子间的互动,让家庭成员在共同的旅游体验中,不仅能够加强情感交流,还能获得知识、享受健康生活,并留下珍贵的家庭回忆。现运营的部分公众号及抖音号见图 31、图 32。

图 31　部分公众号页面内容展示

图 32　抖音号内容截图

三、行业历史

亲子文旅行业,作为旅游市场的一个重要分支,其发展历程与社会文化和经济发展紧密相关。最初,亲子旅游主要是以家庭为单位的休闲活动形式出现,重点为家庭成员提供共同的娱乐和放松机会。随着时间的推移,尤其是在 20 世纪后半叶,随着经济的增长和家庭收入的提高,亲子文旅逐渐形成专门的市场细分。这一时期,主题公园、家庭度假村和儿童博物馆等专门为家庭设计的旅游产品和服务开始兴起,以此满足家庭对于高质量亲子互动体验的需求。

进入 21 世纪,随着教育观念的更新和对亲子关系的重视,亲子文旅行业进一步发展,开始强调教育和体验相结合的旅游产品。亲子旅游不仅仅是娱乐,而逐渐演变成一种教育方式,旨在通过旅行让孩子学习和成长。科技的进步也使得亲子文旅产品更加多样化和个性化,如通过虚拟VR和AR技术提供沉浸式体验,以及通过智能设备和应用程序提供定制化服务。

当前,亲子文旅行业面临新的挑战和机遇。一方面,全球化进程的加速和文化交流的加深为行业带来了新的客源和市场;另一方面,人们对健康、安全和可持续旅游的关注也对行业提出了更高的要求。未来,亲子文旅行业有望继续创新和扩展,提供更加丰富和有意义的家庭旅游体验。

然而亲子文旅在产品创新、价格成本、技术应用、服务、运营等方面还存在问题,具体如下。

1. 传统的亲子概念有局限性

亲子旅游的传统概念往往局限于父母与孩子之间的互动,这种定义忽视了成年子女与老年父母之间的旅游需求,未能充分涵盖家庭旅游市场的多样性。在这种传统观念下,亲子游主要被看作是父母对孩子的教育和陪伴,而缺少了对成年子女反哺父母、陪伴长辈出游这一新兴趋势的认识和开发,导致了亲子旅游市场的一个潜在细分市场未被充分利用,限制了旅游业在满足不同年龄段家庭成员需求方面的创新和发展。

2. 亲子旅游产品同质化严重

市场上许多亲子旅游产品往往缺乏创新,提供的服务和体验趋于雷同,导致消费者在选择时难以区分不同品牌和目的地的特色。例如,众多亲子度假村可能都提供相似的儿童游乐设施、相似的亲子活动安排,以及类似的住宿条件,这种模式化的服务难以满足消费者对个性化和差异化体验的需求。此外,同质化还导致价格战,企业为了吸引客户,可能会牺牲服务质量以降低成本,进一步加剧了产品的同质性。长期下去,不仅会影响消费者的旅游体验,也会影响亲子文旅行业的可持续发展。

3.成本较高但家庭旅游的预算有限

亲子旅游项目的成本控制与家庭旅游预算之间的矛盾是亲子文旅行业面临的一个重要问题。由于亲子旅游项目往往需要提供安全、教育和娱乐等多方面的综合性服务,这就要求相应的基础设施、专业人员以及丰富的活动内容等方面的投入,从而导致成本相对较高。例如,为了保障儿童的安全,可能需要在游乐设施上投入额外的安全措施;为了提供寓教于乐的体验,可能需要聘请专业的教育人员和开发独特的教育课程;此外,高品质的住宿和餐饮服务也会增加成本。

然而,家庭旅游预算通常是有限的,家长们在规划旅游时会考虑到成本效益,对价格较为敏感。这导致亲子旅游产品在定价时陷入两难境地:一方面要覆盖高昂的成本,确保企业的盈利;另一方面,价格过高可能会吓退潜在的消费者,影响销量和市场占有率。

4.数字化转型亟需落实

首先,企业需要制定清晰的战略规划,确保数字化不仅仅是技术的堆砌,而是能够真正提升用户体验和运营效率。其次,数据安全和隐私保护是数字化过程中的重中之重,尤其是在处理儿童信息时,必须确保遵循相关法律法规,建立强有力的数据保护机制。

此外,企业还需要培养具备数字技能的人才,以适应技术革新带来的新要求。在选择技术解决方案时,应当基于企业自身的业务需求和市场定位,避免资源浪费。同时,数字化转型需要跨部门的协同合作,以实现整体业务的联动和提升。

5.亲子文旅项目管理复杂、难度高

由于服务和活动的多样性,使得整个项目的管理过程异常复杂和充满挑战。从项目策划阶段开始,就需要精心设计能够吸引家庭参与的活动,比如融合当地文化的亲子工作坊、寓教于乐的儿童博物馆,或者户外探险活动,这些都需要对目标客户群体的喜好和需求有深入的了解和分析。进入组织和执行阶段,挑战进一步加大。以住宿安排为例,亲子文旅项目需要提供的不仅仅是住宿服务,还要考虑家庭的特定需求,如儿童床的配置、家庭友好的餐饮服务,以及紧急情况下的快速响应机制。此外,活动的组织也需要细致周到,比如安排适合不同年龄段儿童的互动游戏,确保活动既安全又有趣,并且能够在家庭之间促进社交互动。

四、行业前景

1.消费观念"代际转变",年轻一代父母更注重亲子文旅消费

"80后"和"90后"是亲子市场的主要消费群体,累计达71%。亲子教育在现代父母的育儿认知中占据重要地位。精神的富养是年轻父母的普遍追求,希望自己的孩子体验不同的世界,认识新鲜事物,拓宽眼界和思维方式,提升精神与修养境界,同时也是家长自己的内在需要;周末、假期带着孩子出游,无论是为了消磨亲子时间、享受品质生活,还是为了换个场景遛娃、换个方式展示生活,这些都是一种精神刚需催生的新消费市场。如今,这种消费模式正在成为新兴家庭标配的生活方式。

2.政策引导助推亲子文旅快速发展

文化和旅游部、工业和信息化部等部门先后印发《文化和旅游部关于推动在线旅游市场高质量发展的意见》《关于加强5G+智慧旅游协同创新发展的通知》等政策文件,持续推进文化和旅游信息化、数字化建设,不断丰富5G+智慧文旅应用场景,进一步释放旅游消费潜力,助力在线旅行预订市场高质量发展。除此之外,国务院先后出台了《"十四五"旅游业

发展规划》的通知、《"十四五"文化发展规划》等一系列政策,明确提出各旅游行业需推动研学实践活动开展,为中小学生组织研学实践活动提供必要保障及支持。

3.亲子文旅市场进一步细分深化

随着家长对孩子成长和教育的重视,以及对旅游体验质量的更高要求,亲子文旅产品和服务开始向更加多元化和差异化的方向发展。市场上出现了更多针对不同年龄段儿童、不同家庭结构和不同兴趣爱好的定制化旅游产品,比如为幼儿家庭设计的早教互动体验、为学龄儿童提供的科普教育旅行,以及为青少年及其家庭安排的探险和挑战活动。此外,针对特殊需求的亲子文旅产品也在增加,比如为有特殊教育需求孩子设计的包容性旅游方案,或是为单亲家庭、混合家庭等不同家庭类型提供的定制服务。这些细分市场的深化,不仅为消费者提供了更多选择,也推动了亲子文旅行业的创新和专业化发展,为行业的长期发展奠定了坚实的基础。

4.科技前沿与亲子文旅行业融合加深

科技的融合正不断赋能亲子文旅行业的创新和发展,通过引入前沿技术,亲子文旅体验变得更加丰富和具有互动性。VR 和 AR 技术的应用,为孩子们提供了身临其境的探索机会,无论是深入海底世界还是遨游太空拟真体验,都能在安全的环境下获得高质量体验。移动应用和智能设备的普及,使得旅游信息获取、行程规划和互动体验更加便捷。通过大数据分析,亲子文旅企业能够更准确地把握家庭的旅游偏好,提供个性化的旅游产品和服务。同时,新媒体平台的运用,如社交媒体和视频分享网站,为亲子文旅项目提供了展示和营销的新渠道,通过 UGC 增强了品牌的互动性和口碑传播。此外,人工智能(AI)在旅游推荐系统中的应用,进一步提升了用户体验。通过智能算法为家庭推荐合适的旅游目的地和活动。这些科技的融合不仅提升了亲子文旅的服务质量,也为行业的可持续发展提供了强有力的支持。

5.寓教于乐的教育旅游理念逐渐彰显

教育旅游通过将学习和旅游结合起来,不仅让孩子们在旅行中体验乐趣,而且在游玩的同时获得知识和启发,实现了寓教于乐的目标。这种旅游模式通常包含了丰富的教育元素,如历史文化探索、自然科学考察、艺术创作体验等,旨在通过实践活动促进孩子的全面发展。随着教育理念的不断深化,越来越多的家庭开始重视旅游过程中的教育价值,教育旅游因此成为亲子文旅市场中需求快速增长的细分市场。同时,教育旅游的兴起也推动了旅游产品创新,促使旅游服务提供商开发更多具有教育意义的旅游线路和活动,满足市场对于高质量教育旅游体验的需求。

6.数字化营销与亲子文旅行业愈加紧密

数字化营销通过利用互联网和社交媒体平台,为旅游企业提供了一个高效、低成本的宣传途径,在亲子文旅行业中扮演着越来越重要的角色。通过精准的在线广告定位,旅游企业能够直接触及目标客户群体,尤其是那些对家庭友好型旅游产品感兴趣的年轻父母。社交媒体上的互动营销活动,如在线竞赛、用户故事分享和虚拟旅游体验,不仅提升了品牌的知名度,也加深了企业与消费者的联系。此外,通过搜索引擎优化(SEO)和搜索引擎营销(SEM),亲子文旅企业能够提高其在线可见性,吸引更多潜在客户。数字化营销还使得旅游企业能够收集和分析用户数据,从而更好地理解消费者的行为和偏好,为产品和服务的改进提供依据。整体而言,数字化营销正成为亲子文旅行业连接消费者、提升用户体验和增强市场竞争力的关键策略。

五、市场规模及增长趋势

2023年，我国互联网应用持续发展，新型消费潜力迸发，数字经济持续发展，助推我国经济回升向好。在这一背景下，文娱旅游消费加速回暖，以沉浸式旅游、文化旅游等为特点的文娱旅游正成为各地积极培育的消费增长点。截至2023年12月，在线旅行预订的用户规模达5.09亿人，较2022年12月增长8629万人，增长率为20.4%。

2023年，亲子文旅市场规模达到了约9000亿元。如果将视野拓展到泛文旅行业，市场规模可能达到2万亿元。这一数据反映了亲子文旅市场在2023年的强势复苏和快速增长态势，其中亲子游消费表现出显著的增长，"80后""90后"父母成为消费主力。此外，亲子游用户的多样化需求也推动了市场的扩展，如滑雪、潜水、徒步等主题游的受欢迎程度显著提升。同时，高品质体验的追求也使得亲子用户的酒店订购量同比去年增长121%。这些数据共同描绘了一个蓬勃发展的亲子文旅市场，显示出家庭对于高品质、教育性和娱乐性结合的旅游产品的需求持续增长。

亲子文旅市场的产品供给正在逐渐丰富，从单一的旅游产品向多元化的体验服务转变。主题乐园和亲子酒店成为市场的标杆产品。同时，亲子游与研学游的深度融合也成为市场发展的一大趋势。

六、行业竞争对手

1.独立的文旅内容创作者和博主

这些创作者和博主通过个人品牌和忠实的观众群体，形成了强大的市场影响力。他们利用个人魅力和专业知识，创作出引人入胜的旅游故事和深度旅游指南，这些内容往往更加贴近普通游客的真实需求，能够激发潜在客户的兴趣和旅游欲望。他们的内容发布渠道多元，包括但不限于个人博客、社交媒体账号、视频平台等，能够通过图文、视频、直播等多种形式与观众互动，提供个性化的旅游体验分享和实用的旅游建议。除此之外，他们能够以独特的视角捕捉旅游目的地的特色，通过亲身体验为观众提供真实的旅游信息和文化背景介绍。他们的工作不仅是内容创作，更是文化交流和故事讲述。这种真实的、接地气的内容往往更容易获得观众的信任和共鸣。此外，他们还通过与旅游品牌和目的地的合作，实现了内容的商业化，借助品牌合作、广告赞助等方式获得收益，进一步增强了他们在亲子文旅市场中的竞争力。

2. 传统媒体和出版公司

传统媒体与出版公司拥有深厚的内容生产经验和广泛的受众基础。这些公司通过多年的积累，建立了强大的内容创作团队和编辑审核流程，能够生产出高质量、权威性强的旅游产品，包括旅游指南、旅游杂志、旅游博客等。其涵盖的内容往往经过精心策划和专业编辑，能够为消费者提供翔实的旅游信息和深度的旅游体验。它们还拥有强大的品牌影响力和市场号召力，其旅游产品往往能够成为市场的风向标，引领旅游消费趋势。此外，传统媒体和出版公司还拥有成熟的广告业务和商业合作模式，通过广告投放、赞助活动、品牌合作等途径实现商业变现。

3. 地方性官方文旅账号

地方性官方文旅账号具有独特的优势和影响力。这些账号通常由地方政府或旅游部门运营，旨在推广本地的旅游资源和文化特色。他们拥有丰富的本地资源和信息，能够提供权威、详细的旅游资讯，包括旅游景点介绍、旅游线路推荐、文化活动信息等。它们还具有强大的资源整合能力，能够联合本地的旅游企业、文化机构、餐饮住宿企业等，提供一站式的旅游服务。同时,还经常举办各种旅游节庆活动和文化活动,吸引游客参与,提升旅游体验。此外,地方性官方文旅账号还拥有政府的支持和背书,能够获得政策扶持和资金支持,进行大规模的宣传推广,以及与各种媒体和平台建立了合作关系,能够利用多种渠道和方式进行宣传推广,提高知名度和影响力。

4. 未来市场销售预测

当前中国旅游市场迎来显著的增长势头,特别是亲子文旅市场。亲子文旅可细分成少年文旅和老年旅游两大板块。少年文旅项目得益于"二孩""三孩"政策的实施以及"80后""90后"父母对亲子游的高度重视,市场在线交易规模从2016年的67亿元增长至2020年的500亿元。这一增长趋势反映了市场对亲子游产品的旺盛需求,其中自驾游成为主要出行方式,以及高星级酒店和特色民宿备受青睐,反映出消费者对高品质旅游服务的明显偏好。研学旅行作为亲子游的重要组成部分,在寒暑假期间需求旺盛。由此可见,家长们更加重视旅游内容的教育意义和亲子互动体验。

同时,老年旅游市场也展现出强劲的增长势头和巨大的市场潜力。据中国旅游研究院发布的《中国老年旅居康养发展报告》数据,2020年我国康养旅游人数已达6750万人次,预计未来老年旅游需求将持续增长。2019年中国老年人旅游消费金额超过5000亿元,即便受新冠疫情影响,导致2020年消费有所下降,但随着老年人口数量的增加和消费能力的提升,市场规模有望进一步扩大。值得关注的是,50岁以上人群已成为高频次旅行用户,其中65%的受访老人平均每年出行3次。在消费方面,城镇65岁以上老年游客人均每次出游花费1209.20元,而农村老年游客每次出游花费为847.50元,显示出老年旅游市场的消费水平。随着老年人对旅游品质追求的提升,以及对独立养老理念的逐步接受,老年旅游市场正从福利事业向旅游产业转变,成为推动旅游市场发展的重要力量。

此外,女性在旅游决策中的参与度远高于男性,她们会从性价比、品牌、口碑、服务专业性及产品个性化等方面进行全面考量。随着旅游市场渗透率的提高和消费者需求的多样化,亲子游和老年旅游市场预计将持续高速增长,尤其在高品质服务、教育性旅游内容、自驾游和研学旅行等方面。同时,老年人旅游市场也是一个值得关注的增长点,随着老年人口比例的增加和消费升级,针对老年人的旅游产品和服务也将迎来发展机遇。

第二节　创新点与项目特色

一、项目情况

本书认为,亲子全生态概念是一种创新的家庭旅游体验模式,旨在为不同年龄段的家庭成员提供一个全方位的互动和共享平台。这一概念将亲子旅游的受众明确划分为"晨光族"(儿童)、"正午族"(中青年)和"金辉族"(老年人),确保所提供服务能够满足从儿童到老年人的全年龄段需求。本项目策划并发布亲子旅游视频内容,让各个年龄段的家庭成员都能找到适合自己的活动,促成亲子旅游。在游玩过程中,加强家庭成员间的相互理解和深化情感交流。

在这一全生态模式下,"晨光族"可以体验寓教于乐的亲子活动,"正午族"有机会带着孩子或父母享受家庭旅游的乐趣,而"金辉族"则能与年轻一代共同出游,体验被关爱和陪伴的温暖。本项目通过"旅在"系列亲子账号的媒体矩阵,为这三类目标受众提供定制化的内容和服务,不仅增强了家庭成员之间的情感联系,也为亲子文旅产业的发展注入了新的动力和活力。

除此之外,项目通过"喵了个趣"表情包 IP 和"宝贝户外呵护站"公众号,增强用户互动乐趣和品牌教育价值,同时利用大数据分析深入了解用户行为,再结合"场景"理论,为用户精心制作视频,实现精准的场景式营销。本项目与旅游景点、教育机构和健康产品供应商建立合作关系,共同提供亲子旅游服务和增值体验,并通过多渠道销售策略高效触达目标客户。随着项目的推进,计划推出相关的衍生产品,如定制化的亲子旅游装备和教育玩具,以及专业的家庭旅游咨询服务,以提升产品的附加价值和市场竞争力,将"旅在"系列账号打造成为亲子文旅领域的重要平台,满足现代家庭的需求,推动行业的创新和发展。

二、技术水平

1.内容创作技术

本项目的内容创作以深入的市场研究和用户洞察为基础,通过创意工作坊和头脑风暴会议激发新的旅游体验概念。在故事叙述方面,采用引人入胜的叙述技巧,将教育信息、文化元素、家庭关系构建、护理知识等融入亲子旅游内容,以提升用户体验。同时,利用专业的多媒体制作软件,结合视频拍摄、图形设计和音效编辑等技术,制作高质量的图文和视频内容。这些方式确保了内容的创新性、教育性和娱乐性,为用户提供了富有吸引力和高性价比的亲子旅游体验。

2.跨平台运营能力

通过熟练掌握各大自媒体平台的运营规则和特点,在抖音、微信视频号、小红书、B站和快手等不同平台进行有效的内容推广和用户互动。在抖音平台上,本项目利用短视频的流行趋势,创作吸引眼球的亲子旅游短视频,通过挑战、话题标签和流行音乐,增加内容的曝光率和用户参与度。在微信视频号上,侧重于制作深度内容和用户互动,通过发布亲子旅游的攻略和教育性内容,建立知识性品牌形象。小红书则成为分享亲子旅游日记和体验故事的平台,利用笔记和故事形式,增加内容的信任度和社区感。在B站,针对年轻一代,发布包含亲子旅游体验和教育意义的视频内容,鼓励用户参与和创作。在快手平台,我们通过接地气的内容和实时互动,拉近与用户的距离,增强亲子文旅项目的亲和力。这种跨平台的运营策略不仅扩大了内容的覆盖范围,也增加了与用户的互动机会。这使得公司能够在亲子文旅市场中建立强大的品牌影响力,实现与用户的深度连接,同时收集用户反馈,不断优化和创新服务。

3.场景式营销

结合"场景"理论,在不同的场景植入不同的商品,可以更好地展示亲子产品或推广亲子游玩景区,为用户提供一种更加自然和直观的购物体验。这不仅是讲述旅游故事,更是在创造一种情境,让目标客户群体能够在心理上预先体验亲子旅游的各种可能性。在内容创作上,运用情境模拟技术,通过精心设计的情节和角色扮演,让用户身临其境,无论是家庭在大自然中的探险,还是孩子在文化遗址前的好奇与学习,都可通过视频、图文和直播等形式生动地呈现。这种情境模拟不仅提升了内容对用户的吸引力,也极大地增强了用户的参与感,引发共鸣。此外,我们的故事讲述技巧也是跨平台运营能力的一部分。通过引人入胜的叙述方式,将亲子旅游的体验转化为一系列情感丰富的故事,这些故事不仅传递信息,而且激发用户的情感共鸣和想象力。其内容不只是展示旅游目的地的美景或者亲子旅游产品的特点,更是传达亲子间互动所蕴含的情感价值,以及旅行中孩子的成长和学习。通过这种场景式营销和故事讲述的结合,本项目在亲子文旅市场中构建起独特的竞争优势,不仅吸引了大量的家庭用户关注与参与,也提升了用户对品牌的忠诚度和参与度。

4.数据分析能力

本项目凭借先进技术手段,实现跨平台收集账号数据,并定期进行详尽的数据整理与分析,形成一套专有的数据分析规则体系。从各个平台提供的账号数据中提取有价值的信息,以此构建细致的用户画像。这些画像不仅包括用户的基本信息,如年龄、性别和地理位置,还涵盖他们的行为特征,如旅游偏好、消费习惯和活跃时间。借助这种方法,能够精准地识别目标客户群体,为他们提供更加个性化的服务。基于用户画像,内容创作团队可以制作出更符合受众口味的旅游内容,确保每一次推广都能够触达最感兴趣的用户群体。这些数据分析规则帮助我们深入理解用户行为模式,包括用户对内容的偏好、互动频率以及旅游服务的需求。同时,营销策略也更加精准,通过个性化推荐和定制化旅游方案,提升转化率和客户满意度。此外,数据分析还帮助团队预测市场趋势和用户需求的变化,以快速响应市场动态,调整运营策略。这种以数据为驱动的运营模式,不仅提升了项目的市场竞争力,也为用户带来了更加丰富和满意的亲子旅游体验。

5.IP开发与管理

开发"喵了个趣"表情包IP,不仅为用户之间的互动增添了乐趣,也成为项目内容传播的有力工具。表情包作为一种流行的社交媒体语言,它的使用跨越了年龄和文化界限,为用户提供了一种轻松、直观的表达方式。项目团队精心设计的"喵了个趣"表情包,以其独特的亲子主题和亲切的设计风格,迅速赢得用户的喜爱。这些表情包不仅在日常沟通中被广泛使用,也在亲子文旅的场景中发挥了重要作用,如在家庭旅游的规划和分享中,增加了情感的交流和互动的趣味性。同时,表情包的流行也为本项目的账号带来了较高的辨识度和口碑传播效应,有助于该项目在竞争激烈的亲子文旅市场中突出重围。通过表情包 IP 的开发和应用,不仅增强了与用户的互动,还拓宽了品牌宣传的渠道,实现了品牌价值的延伸,进而成功扩大了用户基础。这一创新举措进一步巩固了项目在亲子文旅行业中的领先地位,并为项目的长期发展奠定了坚实的基础。

三、产品或模式的创新性、先进性和独特性

1.服务模式的创新点

(1)亲子全生态旅游理念——拓宽目标市场

本项目对亲子文旅的界定不局限于传统的"教育孩子,陪伴成长"——父母带着孩子出去游玩,还有"反哺家庭,关爱老人"——拥有经济能力的成年人带着自己的父母出去看世界。这一概念将亲子旅游的受众明确划分为"晨光族"(儿童)、"正午族"(中青年)和"金辉族"(老年人),确保能够满足从儿童到老年人的全年龄段需求。这种全生态概念能够提供多样化的旅游体验,满足不同年龄段家庭成员的需求,将旅游的益处惠及家庭的每一个成员。这不仅丰富了亲子文旅的内涵,拓宽了目标市场,也为项目带来了更广阔的市场前景和更重要的社会价值。

(2)独有的数据分析规则——为受众提供个性化内容

通过收集用户在不同社交媒体平台上的行为数据,运用先进的数据分析技术,深入洞察用户偏好和需求。这些数据不仅帮助项目实现精准营销,还指导项目团队优化和定制化旅游产品和服务。独有的数据分析规则体系能够快速捕捉市场动态和用户行为模式的变化,从而及时调整内容发布策略和营销计划。凭借对数据的敏感性和分析能力,使项目在提供个性化服务的同时,也能够保持内容的新鲜度和相关性,确保用户能够持续获得他们感兴趣的信息和体验。这种方式不仅增强了用户黏性,还提升了品牌的

市场竞争力,确保了项目在亲子文旅市场中的持续增长,不断迈向成功。

(3)场景式营销——不同场景植入不同商品

通过在不同的旅游场景中植入相关商品,为用户提供了一种更加自然和直观的购物体验,还能根据用户所处的具体情境和需求,向其推荐合适的产品或服务。例如,在亲子游攻略中,可以在介绍户外探险活动时,推荐适合儿童使用的防晒霜和防蚊液;在推广文化体验活动时,展示相关的教育玩具或书籍。这种场景化的推荐不仅能够提升用户的购买意愿,还增强了用户对旅游体验的期待。将商品与用户的实际需求和旅游体验紧密结合,而不是简单地进行广告推广。这样使得商品推荐更加贴合用户的实际情境,提高了转化率,也为用户打造了更加丰富和完整的旅游体验。场景式营销更有效地激发了用户的购买欲望,同时提升品牌形象和用户满意度。

(4)立足人文关怀——修复家庭关系,治愈心灵,鼓励健康的生活方式

本项目秉持人文关怀的理念,致力于修复和强化家庭关系,为现代家庭提供一个促进情感交流的平台。项目的核心目标是治愈心灵,通过精心设计的亲子旅游体验和情感交流机会,不仅为家庭提供了娱乐和休闲,还促进了家庭成员间深层次的情感联系和相互理解。同时,鼓励家庭成员通过参与户外活动,享受自然,学习新知,从而提升整体的生活质量。这种以人为本的服务理念,使项目在提供旅游体验的同时,也成为了促进家庭和谐与个人成长的重要力量。

2.产品的创新点

(1)微信公众号"宝贝户外呵护站"——传播儿童和老人的健康护理知识

相较于其他亲子产品,本项目更关心安全和健康。"宝贝户外呵护站"提供实用的儿童和老人的护理知识、户外安全知识,为用户提供了一个可靠的信息来源。它不仅满足了市场上对健康教育内容的需求,也为

家长提供了实用的育儿支持。通过微信这一广泛使用的社交平台,定期发布精心策划的教育性内容,进一步增强了用户互动。

(2)表情包 IP"喵了个趣"——用亲和力的形象吸引受众

以其亲和力强的形象和具有趣味性的内容吸引各年龄段的用户,增强了项目的互动性和娱乐性。通过可爱的角色设计和亲子互动场景,助力用户的情感表达。该表情包系列能够跨越不同社交媒体平台,增强用户互动和提升品牌识别度。它不仅是营销工具,更是亲子旅游情感交流的媒介,为用户带来了新颖而有趣的沟通方式。

(3)媒体矩阵——扩大媒体影响力

构建一个跨平台的媒体矩阵,显著扩大媒体影响力。这个矩阵使本项目能够在包括抖音、微信视频号、小红书、B 站和快手在内的多个主流社交媒体平台上与用户进行有效互动,并根据不同平台的用户特点和内容偏好,定制发布内容,确保信息的广泛传播和精准推送。以下是本项目对五大平台的分析和定制内容策略。

抖音:专注于制作和发布亲子旅游的趣味短视频和精练的旅游攻略。利用抖音的快节奏特性,创作 15 秒至 1 分钟的高娱乐性内容,通过幽默、创意和视觉冲击力强的短视频,迅速吸引年轻家长和青少年的注意力,并激发他们对亲子旅游的兴趣。

微信视频号:作为微信生态系统的一部分,项目利用其社交网络优势,发布更具深度的旅游故事和亲子教育内容。这些内容通常为 1 至 5 分钟的视频,旨在提供更丰富的信息和情感体验,满足家长对高质量教育信息的需求,并促进亲子关系的建立和维护。

小红书:作为一个生活方式分享平台,项目通过发布详尽的笔记和旅游日记,分享亲子旅游的体验和实用的旅游准备小贴士。制作的内容注重实用性和细节描述,吸引那些注重生活品质和寻求深度旅游体验的年轻父母,帮助他们规划和享受更有意义的家庭旅游。

B站:针对B站上喜欢动漫和追求创意内容的年轻受众,项目发布具有亲子旅游体验和教育意义的视频内容。这些视频不仅包含旅游攻略,还融入了创意元素和动漫文化,鼓励用户参与讨论和创作,通过互动和社区参与,增强用户对品牌的认知和忠诚度。

快手:发布亲子旅游的日常片段和互动游戏,采用接地气的内容和实时互动的方式,与广大家庭用户建立联系,并利用快手的社区氛围,通过直播和短视频分享亲子互动的温馨瞬间,拉近与家庭用户的距离,同时推广旅游产品和服务。

通过这种策略,项目不仅能够触及更广泛的受众群体,还能够确保在每个平台上都提供符合用户期待的内容。这种一致性和连贯性的内容推广,结合每个平台的特色,增强了品牌的辨识度和影响力。此外,媒体矩阵的建立也使项目能够快速响应市场变化,及时调整内容策略,稳固品牌在亲子文旅市场中的领先地位。

四、竞争优势

本项目的亲子文旅版块之所以在市场中独树一帜,源于其深度融合的创新内容与个性化服务。项目通过"喵了个趣"表情包IP和"宝贝户外呵护站"公众号,不仅为用户提供了亲子互动的趣味性内容,还传授了实用的儿童护理知识,双管齐下,极大地提升了用户的参与度和品牌忠诚度。跨平台媒体矩阵的构建,使项目能够在抖音、微信视频号、小红书、B站和快手等多个社交媒体渠道上与用户开展深度互动,扩大了品牌的市场影响力。

项目的数据分析能力同样不容忽视,独有的数据分析规则体系可以洞察用户需求,实现精准营销,从而提供更加贴心的旅游体验。场景式营销的运用,通过在旅游场景中巧妙植入商品和服务,为用户提供个性化和沉浸式的体验。此外,项目秉持人文关怀理念,专注于修复和强化家庭关系,致力于治愈心灵,并鼓励健康的生活方式,满足用户深层次的情感需求。

本项目推广的多元化跨代旅游理念成效斐然,成功拓展了目标市场。不仅涵盖了传统的亲子旅游,还捕捉到年轻一代带着父母旅游的新趋势。通过设计各类旅游项目,促进了家庭内的多代交流。这些综合性的策略不仅提高了项目的服务质量,而且推动了整个亲子文旅行业的创新和发展。凭借这些努力,确立了本项目在市场中的领先地位。

第三节　项目运营

一、运营方式

1. 运营前期:挖掘选题与策划

前期工作集中在深入挖掘和策划与亲子文旅紧密相关的主题。这一阶段,项目通过市场调研捕捉行业的最新动态,通过收集用户反馈了解目标受众的具体需求,以及通过行业趋势分析预测可能的热门话题。目标是挖掘能够触动目标用户情感、与他们产生共鸣的选题,同时确保这些内容能够促进亲子关系的深化和儿童的健康成长。

在收集到足够的信息后,召开选题会议。在会议中,团队成员共享各自掌握的信息,进行头脑风暴,共同探讨和确定接下来一周的内容选题和视频形式。

2. 运营中期:内容制作

确定选题后,开展中期工作,内容创作团队开始着手制作内容。这一阶段包括文案撰写、攻略规划、文章编排、收集素材和视频拍摄等多个环节。团队始终注重内容的创意和质量,力求让每一部分都能吸引目标受众的注意,同时为他们提供实用信息和教育价值。通过故事讲述和场景模拟的手法,提升用户的沉浸体验感,使他们能够在心理上预体验亲子旅游的乐趣。这种创新方式,为用户打造了一种更加自然和直观的购物体验。

3.运营后期:媒体发布

内容制作完成后,开展后期工作——媒体发布。利用跨平台媒体矩阵,包括微信公众号、抖音、小红书、B站和快手等,将内容精准推送给目标受众。发布过程中,密切关注用户反馈和内容表现,根据数据分析结果不断调整和优化发布策略,以提高内容的影响力和增强用户的参与度。除此之外,还要注意和用户的评论互动,提高粉丝黏性。

二、劳动力、设备需求

1.劳动力需求

(1)内容创作团队

亲子文旅项目的内容创作团队是整个项目的核心,由一群多才多艺的专业人员组成,他们共同负责制作引人入胜、教育性强的内容。团队包括内容创意、文案撰写、视觉设计、视频制作。内容创意者,负责构思和策划创新的内容主题和活动;文案撰写人,以精湛的文笔创作教育性文章和具有吸引力的旅游攻略;视觉设计师,通过精美的图形和信息图表增强视觉吸引力;视频制作者,负责拍摄和剪辑视频,将亲子旅游的体验生动地呈现。这个跨学科团队的紧密合作确保了内容的多样性和深度,同时也保证了信息的准确性和教育价值,为亲子文旅项目提供了强大的内容支持。

(2)社交媒体运营专员

负责策划和执行社交媒体策略,以增强品牌在线上的可见度和互动性。他们精心制定内容日历,确保发布与品牌定位相符且吸引目标受众的帖子。运营专员通过积极与用户互动,回复评论和私信,提升用户参与度,同时利用数据分析工具监控和评估每条内容的表现,以不断优化社交媒体策略。此外,他们还需紧跟社交媒体趋势,管理广告投放,并与KOL和其他合作伙伴协调,以扩大品牌影响力。社交媒体运营专员还需具备处理危机的能力,能够迅速响应并解决任何可能对品牌形象造成影响的负面反馈。因此,履职尽责的社交媒体运营专员能为项目带来强大的社交影响力和市场竞争力。

(3)营销人员

深入开展市场研究,洞察客户需求和行业趋势,从而制定并执行精准的营销策略。例如,设计创意营销活动,制订广告投放计划,并利用社交媒体和其他数字渠道提升品牌知名度和吸引潜在客户。此外,营销人员还需监控营销活动的效果,借助数据分析来评估投资回报率(ROI),并根据反馈调整策略,以优化营销成效。此外,还需要与内容创作团队紧密合作,确保营销信息与品牌内容的一致性,同时也要与销售团队协调,以确保营销目标和销售目标的协同。因此,营销人员需具备出色的沟通技巧、创意思维、分析能力和战略规划能力,以推动项目达到商业成功。

(4)高校人才

与高校建立长期且富有成效的人才培养合作机制,使得更多专业领域的学生能进入亲子文旅领域。这种合作不仅为学生提供了实践机会,让他们能够将专业知识应用于实际工作中,而且为项目注入了新鲜血液和创新思维。通过与高校合作,吸引更多对旅游管理、文化传播、教育学和新媒体运营等领域感兴趣的学生参与项目,共同推动亲子文旅产业的发展。此外,高校人才的引入也有助于在文旅、电商和相关行业中进行更深入的拓展。学生团队的活力和创造力,可以为项目带来更多创新的营销策略和商业模式,推动项目在激烈的市场竞争中脱颖而出。通过这样的合作,不仅能够实现人才的培养和发展,还能为项目的长远发展提供强有力的支持,实现个人价值与社会价值的双赢。

(5)商务洽谈人员

通过精准的市场洞察和深入的行业分析,识别并接触潜在的商业伙伴,包括旅游景点、教育机构、健康产品供应商等。在谈判过程中,洽谈人员展现出高度的专业性和策略性,能够清晰地传达项目的价值主张,同时明确合作伙伴的需求,以达成互利共赢的合作协议。此外,他们还负责协调内部资源,确保合作项目的顺利执行,并持续跟踪合作效果,根据反馈进行必要的调整。因此,商业洽谈人员需要具备优秀的人际交往能力、谈判技巧、市场分析能力和解决问题的能力,以确保项目能够在竞争激烈的市场中获得最佳的合作机会。

2.设备需求

专业摄影摄像设备,即高质量的相机和摄像机,用于拍摄亲子旅游的宣传照片和视频,捕捉旅游活动中的精彩瞬间。这些设备不仅能够拍摄高分辨率的宣传照片,还能录制清晰的视频,用于制作具有吸引力的旅游体验视频和社交媒体内容。通过这些设备,我们能够精确地记录亲子互动的温馨场景、旅游目的地的自然美景和文化特色,以及教育活动中的互动瞬间。此外,还配备了先进的稳定器和镜头,确保即使在动态或光线不足的环境中,也能拍出稳定、专业的影像。这些高质量的视觉内容对于提升品牌形象、吸引潜在客户以及增强现有客户忠诚度都至关重要。

直播凭借其独特的实时互动特性,成为提升用户参与度的有力工具。其包括高清摄像机、专业的直播软件、稳定的网络连接设备以及必要的音频设备,如高质量麦克风和音频接口。这些设备协同工作,使得直播内容的音视频质量达到专业水准,为观众带来清晰、流畅的观看体验。直播过程中,我们能够实时展示亲子旅游的现场情况,包括旅游路线的实时介绍、互动游戏的直播以及教育活动的现场报道,实现实时互动和提升用户参与度。此外,直播设备还支持主播与观众进行实时互动,主播能够及时回答问题,收集反馈意见,从而增强用户的参与感和满意度。通过直播,我们能够更直接地与目标受众建立沟通桥梁以及信任,并推广旅游产品和服务,同时大幅提升品牌的曝光率和市场影响力。

其他软硬件设备包括视频编辑硬件和软件,如高性能计算机、专业视频编辑软件和图形设计软件,用于制作和编辑兼具教育性和娱乐性的亲子文旅视频内容。

三、质量保证

1.修复关系,传递健康,治愈心灵

本项目的质量保证措施出于对项目立意情怀的坚守——修复亲子关系、传递健康生活方式、治愈心灵。为此,我们精心策划每一项旅游活动,确保能够促进家庭成员间的沟通与理解。有情感价值的旅游体验,不仅能够满足客户的基本需求,还能够触动他们的心灵,这正是项目的核心优势所在。通过这些细致入微的质量保证措施,我们相信能够为每个家庭带来难以忘怀的旅游体验,在他们的生活中留下深刻且积极的影响。

2.内容审核

我们对所有发布的内容进行严格审核,确保信息的准确性和教育性,且与品牌理念契合。为此,我们建立了一套严密的内容审核流程,旨在保障所有发布内容的准确性、教育性和品牌一致性。具体来说,审核团队由专业人士组成,他们不仅对教育内容有深刻的理解,而且对亲子旅游市场

有敏锐的洞察力。

审核过程中,首先确保所有内容都基于事实,避免出现误导性信息。教育性内容会经过教育专家的复审,确保其科学性和适龄性。此外,审核还包括对文化敏感性的考量,确保内容尊重多元文化并避免不当表现的文化元素。同时,关注内容的创新性和吸引力,确保能够激发目标受众的兴趣。

3. 客户反馈机制

这种机制能够及时了解和满足客户需求,持续优化产品和服务,从而提升客户满意度和忠诚度。这个机制包括多个渠道,如在线调查问卷、客户服务热线、社交媒体互动和面对面的交流会,确保客户可以通过多种方式便捷地提供反馈。我们认真聆听每一位客户的意见和建议,无论是关于旅游体验分享、服务质量评价还是产品改进建议,均视为宝贵的信息资源。

收集到的反馈会由专门的团队进行分类和分析,关键问题和改进建议会迅速传达至相关部门,并在必要时启动改进措施。我们还会定期举行跨部门会议,讨论客户反馈呈现的趋势和模式,以指导战略规划和产品开发。此外,对于提供有价值反馈的客户给予一定的奖励和认可,以示感谢。

4. 受到致力于发展亲子文旅的章一琳老师的指导

在本项目的发展过程中,我们非常荣幸地获得了章一琳老师的指导。章老师作为浙江日报报业集团《江南游报》社记者部主任,拥有深厚的旅游行业知识和丰富的媒体从业经验。她的专业见解和行业洞察力对本项目的发展方向和内容创作方面提供了不可估量的价值。

章老师不仅提供了亲子文旅领域的前沿信息和趋势分析,还就如何更好地结合文化元素和旅游体验提供了宝贵的建议。她的指导帮助我们更精准地定位目标市场,更有效地设计和规划旅游产品和服务,以及更专业地进行品牌传播和市场推广。通过她的网络资源,我们能够更广泛地触及潜在客户群体,提升项目的知名度和影响力。

四、生产成本

1. 内容生产成本

本项目内容创作团队人员成本涵盖内容创意者、文案撰写师、视觉设计师、剪辑师和摄影师的成本。预计雇佣 20 名内容创意者,每人每月工资为 10000 元;雇佣 15 名文案撰写师,每人每月工资为 7000 元;雇佣 10 名视觉设计师,每人每月工资为 9500 元;雇佣 25 名剪辑师,每人每月工资为 11000 元;雇佣 10 名摄影师,每人每月工资为 10000 元。

2. 营销成本

在自媒体平台运营推广中产生的费用支出,如达人佣金、各平台投流费用、营销人员工资、服务费等。本项目预计每年花费 5 万元和各平台的达人合作,进行广告宣传片的拍摄和推广;每年花费 5000 元用于视频投流,打响"旅在"系列账号知名度;每年花费 2 万元与相关企业合作推广销售。

3. 设备成本

直播和素材拍摄中设备的购置、折旧、维修等成本。根据市场价,预计花费 10 万元购买摄影相关设备,花费 2 万元购买直播相关设备。

4. 管理成本

项目在运行中发生的一些管理事务费用,如管理人员工资、招待费用、房屋租赁等,其中管理层共计 6 人,预计每人每月工资为 7000 元;开设 3 家线下售卖店铺,预计每家店铺面积 40~80 平方米,租金每年 5 万元。

5. 技术成本

促进产品开发升级产生的人工费用、培训费用等。创立前期,引进高校人才,预计年薪 20 万元;计划购买 2 项专利,为产品提供质量保证,预计花费 5 万元;邀请行业专家进行技术指导以及开展技术培训,预计每年花费 2 万元,如表 7 所示。

表 7　生产成本

类别	具体项目	金额
内容生产成本	内容创意者	10000 元/月
	文案撰写师	7000 元/月
	视觉设计师	9500 元/月
	剪辑师	11000 元/月
	摄影师	10000 元/月
营销成本	KOL 佣金	50000 元/年
	视频投流	5000 元/年
	企业合作	20000 元/年
设备成本	拍摄设备	100000 元
	直播设备	20000 元
管理成本	店铺租金	50000 元/年
	管理人员	7000 元/月
技术成本	高校人才	200000 元/年
	专利购买	50000 元
	技术培训	20000 元/年

第四节　投融资与管理

一、投融资方案

注册资本及股本结构:公司注册资本共计 3 万元,其来源如下:杭州中博汇字节科技有限公司法人代表吴凡,以技术入股的形式出资 0.6 万元;学生团队通过货币资金入股 2.4 万元。详细的股本结构情况,如图 33 所示。

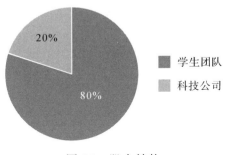

图 33 股本结构

本项目在制订融资计划时将遵循以下原则:针对自身特征及生命周期规律,选择可行的融资渠道和融资形式,以实现持续快速发展的目标,公司价值的最大化。

前期资金来源主要是融资和银行借款,中后期资金来源则计划通过销售收入的稳步实现以及合理开展再融资予以解决。再融资方案具体如下:

1. 短期借贷

随着经营业务的稳步发展,公司积累了一定的信誉并具有了抵押贷款的资质。公司发展过程中所需的部分周转资金可通过银行短期贷款来筹集。基于谨慎性原则,本公司未考虑这种筹资手段。

2. 吸引风险投资

在初创期实现盈利的基础上,公司于 2022 年针对风险机构的投资偏好进行一轮再融资活动。

3. 长期借贷

进入成熟期后,公司将以长期借款的方式筹集部分资金用于企业发展;通过将负债水平控制在合理的区间,公司将充分利用财务杠杆,提高自有资金的盈利能力。然而,财务杠杆的负效应亦将使公司面临极高的财务风险。因此,本项目未考虑这种融资方式。

二、管理模式

1.合作计划

(1)与镜湖湿地海洋世界和长乔极地海洋公园等著名旅游景点合作

为了扩大"旅在"系列账号的媒体影响力,本项目与旅游景点进行了合作,目前与镜湖湿地海洋世界和长乔极地海洋公园合作,共同开发了一系列富有教育意义和娱乐价值的亲子旅游产品。通过这种合作,为游客提供了包括海洋生物互动体验、极地探险活动以及专属的亲子教育课程等定制化旅游服务。不仅如此,通过与旅游景点和相关商家的合作,实现了产品和票务的在线销售。

选择与镜湖湿地海洋世界和长乔极地海洋公园进行合作,源于双方共同的教育理念和对家庭旅游市场的深刻理解。这些海洋公园作为亲子旅游的热门选择,凭借其丰富的海洋生物互动体验和极地探险活动,与项目的教育性和娱乐性目标完美契合。利用海洋公园的教育资源,为家庭游客设计独特的旅游产品,同时通过便捷的在线预订系统,提供一站式服务,增强用户体验。此外,通过联合营销和宣传,扩大了品牌影响力,吸引了更广泛的客户群体,为双方带来了显著的市场曝光度和经济效益。这种互利共赢的合作模式,不仅丰富了旅游产品线,也为合作景点带来了更多的客流,共同推动了亲子文旅市场的繁荣发展。

(2)与绍兴晨彩教育等教育机构合作

本项目积极与教育机构建立合作关系,旨在整合教育资源,提升旅游产品的教育价值,目前团队与绍兴晨彩教育达成合作。通过与学校、教育中心和专业培训机构的合作,开发了一系列旅游与学习相结合的研学旅行项目。这些项目不仅包括传统的历史文化教育,还涉及自然科学、环境保护和艺术体验等多个领域,为学生提供了走出课堂、亲身体验的机会。借助教育机构的专业师资力量和课程开发能力提升了产品的教育价值,同时教育机构也能通过项目的旅游服务增加学生的实践机会,实现教育目标。此外,这种合作还有助于推广亲子旅游理念,扩大市场影响力,为教育机构带来额外的价值,共同促进教育与旅游业的融合发展。

(3) 与地方文旅部门合作

与地方文旅部门的紧密合作,可以充分利用当地丰富的文化和旅游资源,共同推动旅游产业的发展。通过合作,获得地方文旅部门的政策扶持和宣传推广,同时确保推出的旅游产品和服务符合当地的文化特色和市场需求。通过参与地方文旅活动和节庆,可以扩大"旅在"系列账号的媒体影响力,吸引更多游客。此外,地方文旅部门完善的基础设施和旅游信息服务,为客户提供了便利,提高了旅游体验品质。这种合作模式不仅有助于项目的长期发展,也为当地经济带来了积极影响,实现了资源共享和互利共赢。

(4) 与防晒产品供应商合作

通过此次合作,团队将供应商的一系列防晒产品融入项目的旅游套餐或以购物链接的方式植入相关视频,推出定制化的防晒套装,包括专为儿童设计的温和防晒霜和便于携带的防晒喷雾,全方位满足客户需求。此外,还借助教育性内容,如在"宝贝户外呵护站"公众号上发布防晒知识和护肤小贴士,增强家长和孩子的防晒意识。合作还包括联合营销活动,如通过社交媒体推广和直播带货,提高防晒产品的销量,为旅游服务增添了附加价值。这种合作模式不仅为客户出行提供了额外的便利和保护,也为防晒产品供应商开辟了新的销售渠道,实现了双方销售额的共同增长和品牌价值的互利共赢。

（5）与其他商家合作

团队构建了一个多赢的商业联盟，通过精心挑选与项目服务理念相契合的合作伙伴，共同为客户提供一站式的亲子旅游体验。这一创新计划涵盖了与酒店、餐饮、交通和儿童用品等相关领域的商家合作，旨在提供优惠的旅游套餐和丰富的增值服务。通过联合营销活动，如社交媒体宣传、客户推荐计划和限时折扣，共同提升品牌知名度和市场影响力。此外，还利用数据分析，优化合作策略，确保合作伙伴提供的产品或服务与客户的需求高度匹配。这种合作模式不仅增强了项目的市场竞争力，也为合作伙伴带来了新的客户群体，实现了资源共享和互利共赢，共同推动了亲子文旅市场的繁荣发展。

（6）与高校合作

团队与浙江树人学院达成战略合作意向，共同进行专业人才的培育，达成了亲子文旅市场与新媒体融合方面的合作。

2. 实施方案

（1）公司成立

通过前期调研，团队发现市场对高质量亲子旅游体验的迫切需求，以及现代家庭对亲子互动和教育价值的高度重视，基于对市场趋势的分析，团队还注意到了亲子文旅市场的巨大潜力和发展空间。同时，国家政策的扶持和人们对家庭教育的重视，也为亲子文旅行业的发展提供了良好的外部环境。在数字化时代背景下，新媒体平台的广泛使用为旅游业务提供了新的营销渠道和客户互动方式。项目团队认识到，借助新媒体渠道，可以更有效地触达目标客户群体，尤其是年轻父母家庭，他们习惯于通过社交媒体和在线平台获取信息和进行互动。

因此，项目团队凭借扎实的专业能力、对旅游行业的理解和与家庭需求的敏锐洞察,决定成立一家专注于亲子文旅的新媒体运营公司。公司成立的愿景是运用新媒体平台,通过创新的旅游产品和服务,为家庭创造难忘的旅游体验,同时推动亲子关系的和谐与儿童的健康成长。在发展征程中,致力于整合旅游资源,开发教育性旅游项目,并通过专业内容制作,将信息传递给各个家庭,满足现代家庭对高品质亲子旅游的追求。

(2)账号创立

在新媒体的推动下,亲子文旅市场对于创新营销方式的需求日益增长。随着社交媒体和数字平台的普及,家庭用户越来越多地通过这些渠道获取旅游信息和分享旅游体验。因此,团队创立了"旅在"系列账号,利用新媒体的广泛覆盖和高互动性,与潜在客户建立紧密联系,并推广亲子旅游服务。

项目团队在五大新媒体平台上创建账号,形成了一个多元化的媒体矩阵,不仅扩大了媒体影响力,还为团队提供了一个与用户直接沟通和互动的有效渠道。通过这些账号,发布团队精心策划的内容,包括旅游攻略、亲子互动游戏、教育性文章和趣味视频,吸引用户关注和参与。

(3)内容创作

通过制作教育性和娱乐性相结合的内容,展示亲子旅游的价值和乐趣。团队创作出"喵了个趣"表情包IP,为用户带来亲子互动的乐趣,同时通过微信公众号"宝贝户外呵护站"分享实用的儿童护理和旅游攻略,提升了品牌教育价值。内容创作团队包括文案撰写人、视觉设计师、摄影师、视频剪辑师和社交媒体运营专家,大家协同工作,制作了一系列高质量的图文和视频内容,确保内容既有创意又符合市场需求。内容策略融合了故事讲述、场景模拟和新媒体技术,吸引并留住目标受众,同时通过数据分析优化内容效果,提升用户体验。这些优质内容在社交媒体上获得了良好的用户反馈,提高了用户参与度,提升了品牌形象。

（4）产品销售

通过与旅游景点和相关商家的合作，实现了产品和票务的在线销售。在各平台上发布相关视频，为合作伙伴设计特色的门票套餐，再在视频中附上专属链接，用户可以通过这些链接直接购买旅游景点的门票、预订特色住宿或购买亲子旅游套餐。这种合作方式不仅方便用户一站式购买所需的旅游产品和服务，同时也带来了佣金收入。

此外，团队还利用自媒体平台和社交媒体矩阵，为合作景点和相关亲子产品进行广告宣传，通过精准营销吸引目标客户，提高转化率。本项目的广告合作不仅限于传统的展示广告，还包括内容营销和直播带货，通过互动性强的直播形式，展示旅游景点的魅力和亲子产品的实用性，吸引用户线下购买。

这种销售模式不仅能够为合作景点带来更多的客流和提升其市场竞争力，而且能够为亲子产品商家开辟新的销售渠道，实现双方的共赢。同时，通过提供高质量的旅游产品和服务，赢得了用户的信任和支持，为项目的长期发展奠定了坚实的基础。

3. 机构设置

该项目设总经理1名，内容策划总监1名，设计总监1名，运营总监1名，财务总监1名，如表8所示。

表8　组织机构设置

姓名	年龄	职务	专业	优势专长
季欣怡	22岁	总经理	本科/网络与新媒体	组织能力和沟通能力强，负责公司的整体发展方向、战略决策和商务资源整合
尤奕文	20岁	内容策划总监	本科/护理学	有护理知识和绘画能力，负责公司的护理板块内容和表情包IP形象设计

续表

姓名	年龄	职务	专业	优势专长
柯紫玲	21岁	设计总监	本科/视觉传达设计	擅长宣传设计,海报制作等
林聚果	21岁	运营总监	本科/网络与新媒体	认真负责,心细谨慎。负责公司平台运营维护
骆遥	21岁	财务总监	本科/投资学	负责公司财务管理、数据和市场分析

4.人员管理

(1)规章制度

制定经营管理各项规章制度,明确岗位职责和任职条件。建立各项品控标准和质量管理体系,同时做好日常管理工作,具体工作内容包括:

准时上下班,不得迟到,不得早退,不得旷工;

着装得体,礼貌待人,强化员工的形象往往是公司形象的缩影;

员工须定期参与公司例会,定期做思想汇报、工作报告与工作总结,严格要求自己,及时发现自己的闪光点以及不足之处,督促自己进步。

员工本着互尊互爱、齐心协力、吃苦耐劳、诚实本分的职业精神,尊重上级领导,若有建议或想法,采用书面报告形式提交上级部门,公司将做出合理的回复。

公司倡导"团队精神,精诚合作"的主导思想,任何个人禁止做有损公司利益、形象、声誉和破坏公司发展的行为。

各个部门建立科学合理的规章制度以及完善的考核制度,并按照员工考核排名发放年终奖金。

(2)员工招聘

招聘原则:公开透明、公平竞争、择优录用、因职设人。

录用基本条件：身体健康、积极向上、勤奋敬业、善于沟通协作、有较强抗压能力。

专业条件：熟练掌握各类新媒体平台的操作和运营，具备一定的摄影和视频制作技能，拥有传媒、广告、营销等相关专业背景者优先考虑。

招聘方式：人才市场、新闻媒介、人才（劳务）中介机构服务招聘等。

招聘规划：公司成立前期，吸引高素质的技术人才与管理人才，是推动公司发展壮大的一大关键。进入发展后期，增加市场营销和技术研发人员。同时，在合适时间、合适岗位配备合适人员，实现人力资源的优化配置。

（3）员工培训

培训目的：充分挖掘公司内部有专业特长和有经验员工的潜力，最大限度利用公司内部资源加强内部的沟通与交流，营造互帮互助的学习氛围，并进一步丰富员工的业余学习生活。增强员工对公司企业文化的认同感及深入开展企业价值观的培训，做好员工职业生涯规划，实现企业与员工的共同发展。

培训内容：公司培训手册集学习、技术、市场、管理、礼仪等多个方面及员工感兴趣的业余知识和信息于一体，具体包括泡茶技艺、销售模式、公司规划理念、商业洽谈技巧等，根据岗位开展培训。

培训形式：在公司内部开展，以学习行业知识、举办讲座或研讨会、组织交流会等形式进行。

（4）员工发展

公司提倡全体员工刻苦学习相关文旅知识，并尽力为员工提供学习、深造的机会，努力提升员工的整体素质和专业水平，造就一支思想新、作风硬、业务强、技术精的运营队伍。

公司积极倡导员工积极参与公司的决策和管理，鼓励员工发挥个人才智，对公司的发展提出合理化建议。同时，公司为员工提供平等和谐的发展环境和晋升机会;公司实行考勤与考核制度,通过评先树优机制,对做出贡献者予以表彰、奖励。

5.销售策略

(1)用户画像

一般是以家庭中的儿童为核心,或者是没有孩子但以照顾父母为核心的,居住在大中城市的中上收入家庭为客户群体,他们重视家庭成员间的情感交流和亲子互动。这些家庭通常至少有一位家长受过较高教育,对孩子的教育和全面发展寄予厚望或者子女希望能够回馈父母,带父母看世界。他们年龄层次广泛,从年轻的父母到孩子,甚至祖父母,都愿意参与共同的旅游体验。

2023年,联合国世界卫生组织对年龄划分标准作出了新的规定,具体将人的年龄分为以下几个阶段:未成年人,0~17岁;青年人,18~65岁;中年人,66~79岁;老年人,80~99岁以上。基于亲子全生态的概念,继续将目标用户画像细分成三类人群:少年——"晨光族"(3~17岁)、青中年——"正午族"(18~79岁)、老年——"金辉族"(80岁及以上)。

①少年——"晨光族"

将这类目标人群的年龄划分为3~17岁。"晨光族"代表着年轻父母和他们的子女,这部分用户群体对教育和娱乐并重的旅游内容特别感兴趣。根据小红书《2023年度旅行趋势报告》,年轻家长更倾向于寻找能够提供亲子互动和教育价值的旅游体验。他们在选择旅游目的地时,偏好那些能够让孩子学习和探索的地方,如博物馆、科技馆和户外探险基地。此外,这一群体也更可能通过社交媒体平台,如小红书和抖音,寻找和分享旅游信息。

②青中年——"正午族"

将这类目标人群的年龄划分为18~79岁。"正午族"是指那些处于职业生涯中期、具有一定经济基础的中青年家长。根据《2023 微信视频号年中发展报告》,这部分用户更关注旅游的质量和体验,他们愿意为高品质的旅游服务支付更多费用。他们在旅游决策中更注重家庭的共同体验,偏好那些能够提供亲子活动和休闲放松的旅游套餐。同时,他们也更倾向于通过微信视频号等平台获取和分享旅游信息。

③老年——"金辉族"

将这类目标人群的年龄划分为 80 岁及以上。"金辉族"代表了老年旅游用户群体,他们通常有更多的可自由支配时间和一定的经济能力。根据《2022 中国数字旅游地图研究报告》,老年旅游者更偏好文化游和休闲游,他们对历史遗迹、自然风光和文化活动有较高的兴趣。在选择旅游产品和服务时,这一群体更注重舒适度和便利性,倾向于选择那些提供慢节奏和深度体验的旅游产品。同时,他们也更可能通过口碑推荐和家庭内部的交流选择旅游目的地。

通过精准的用户画像分析,定制化旅游产品和服务,以满足这些家庭对高质量、教育性旅游体验的需求,并通过多渠道营销策略,实现与目标客户的有效沟通和深度互动。

(2)平台分析

抖音作为一个以短视频为主的平台,其内容的快节奏和强娱乐性,为亲子旅游的趣味短视频和旅游攻略相关内容的展示提供了绝佳舞台。根据《2022 中国数字旅游地图研究报告》,旅行相关话题在抖音一直保持较高热度,视频量和分享量增速显著,旅游兴趣用户量达 2.7 亿人。利用这一平台的高用户活跃度和内容传播效率,发布亲子旅游相关的短视频,能够快速吸引年轻家长和青少年群体的注意力。

微信视频号依托微信庞大的用户基础而具有强大的社交网络优势。根据《2023 微信视频号年中发展报告》,视频号总用户使用时长同比几乎翻倍,广告收入突破 30 亿元。基于此,在微信视频号上发布深度旅游故事和亲子教育内容,可满足家长对高质量教育信息的需求,同时借助微信的社交属性增强内容的分享和传播。

小红书以其社区氛围和生活方式分享而受到年轻父母的喜爱。根据小红书《2023 年度旅行趋势报告》,2023 年小红书旅游笔记发布量同比上涨 273%,越来越多的用户通过笔记记录分享旅途见闻。同时,在小红书上通过笔记和旅游日记的形式,分享亲子旅游体验和旅游准备小贴士,吸引了注重生活品质的年轻父母,并利用小红书的社区特性增强用户互动。

B 站(哔哩哔哩)以其动漫文化和创意内容深受年轻人喜爱。针对 B站用户群体的特点,发布包含亲子旅游体验和教育意义的视频内容,鼓励用户参与和创作。B 站的弹幕文化和超强的社区互动性为项目团队提供了与年轻父母建立联系的机会,同时也为亲子旅游内容的传播提供了良好的平台。

快手平台以其接地气的内容风格和实时互动的特点,深受广大家庭用户的喜爱。项目团队利用快手发布亲子旅游的日常片段和互动游戏,结合情景表演和直播带货等形式,进一步拉近与用户的距离,提升亲子旅游内容的吸引力和互动性。快手平台的大众化特点能够触及更广泛的家庭用户群体,有利于推广亲子文旅项目。

团队针对抖音平台做了具体分析。在抖音旅游兴趣用户中,女性是主力,占比达到了 55%。在年龄段分布上,以"80 后""90 初"用户群体为主;"70 后""80 初"的用户群体次之。从社会特征来看,这两类人群既是社会的中流砥柱,又是养娃大军,二者占比之和超过半数。

综上所述,对于多数旅游企业而言,女性群体和"80 后""90 初"群体的旅游需求更应该被重视和挖掘。而亲子游正是此类用户的核心兴趣点。当下,亲子游市场火爆,家长对于"带娃出游"的观念发生了转变。从

"带孩子出门旅行"到"通过旅行让孩子认知世界",在亲子互动过程中,年轻父母对亲子游有了更高的需求,并愿意为之支付更高的费用。而短视频正是通过一种直观而易于接受的方式向此类用户进行宣传。

(3)市场战略

本项目的市场战略采取了B2C的销售模式,通过整合线上平台和社交媒体渠道,直接向目标家庭用户推广并销售亲子旅游服务。团队精心设计了易于购买的小额旅游套餐,以降低家庭尝试的门槛,并通过分批次推出定制化服务,以满足不同家庭的个性化需求。

在销售策略上,利用自媒体平台和社交媒体账号,如"旅在"系列账号,发布极具吸引力的内容,并在内容中嵌入购买链接,方便用户直接购买门票或预订旅游服务,从而赚取佣金。此外,为亲子产品和户外防晒产品等提供广告服务,通过精准营销,将相关产品推荐给对应用户群体。

项目团队还积极参与电商直播带货,通过直播展示亲子旅游的魅力,同时推广合作伙伴的产品,赚取推广费。多渠道的销售和推广,不仅提升了亲子文旅项目的市场知名度,也为项目带来了稳定的收入来源。

项目团队与地方政府和旅游部门合作,争取政策扶持和推动资源整合,共同打造优质的亲子旅游目的地。通过实施这些战略举措,旨在建立一个可持续发展的亲子文旅业务模式,为广大家庭提供高质量的旅游体验,同时为合作伙伴创造价值,实现共赢。

(4)营销战略

①场景式营销

本项目采用场景式营销方案,通过精心设计的场景体验,将用户带入一个充满亲子互动和教育意义的旅游环境中。通过视频、图文和直播等多种形式,展示亲子旅游的具体场景,如家庭在大自然中的探险、孩子在文化遗址前的好奇探索,以及亲子间的互动游戏等。这些场景不仅展示了旅游目的地的美景,还传达了亲子旅游的情感价值和教育意义。

在执行上,团队利用社交媒体平台的广泛覆盖优势,结合数据分析工具,精准定位目标受众,确保营销内容能够触达最感兴趣的用户群体。此外,还会与旅游景点、教育机构和亲子产品供应商等联合推广,通过跨品牌的合作,提供更加丰富和多元化的亲子旅游体验。这种场景式营销旨在提升用户的购买意愿,强化品牌形象,并最终实现销售目标。

②抓住旅游的季节性特点

旅游有淡旺季,所以营销战略需要与旅游的季节性特点紧密结合,通过开发和推广与季节相匹配的旅游活动和产品,吸引家庭用户。夏季,着重推广海滩度假、水上乐园等清凉旅游活动;秋季则推出农庄采摘、户外徒步等亲近自然的活动;冬季推出滑雪、冬令营等暖心体验项目;而春季则主打赏花、踏青等活动。除此之外,还要与节假日和时令紧密结合。例如,在春节和国庆节等重要节日,策划特色亲子游活动,如文化庙会体验或节日主题乐园游,以满足家庭在特殊日子里的庆祝需求。儿童节,则推出以儿童为中心的互动游戏和教育活动,增强亲子间的互动,增添乐趣。每个季节、节日、时令,团队都会借助"旅在"系列账号发布相关主题内容,打造独特的旅游体验,吸引家庭出游。

在执行上,项目团队会提前通过"旅在"系列账号发布相关主题内容,利用社交媒体平台进行预热,吸引用户关注和预订。同时,还会结合KOL展开合作和用户口碑营销,增强活动的吸引力和可信度。通过数据分析工具监测用户预订行为和收集反馈,及时调整营销策略,优化产品和服务,以确保在旅游高峰期实现充分的宣传和提供优质的服务。这种结合季节性特点和节假日的营销战略,不仅丰富了旅游产品线,提升了用户体验,增强了品牌影响力,还有效促进了销售增长。

③表情包 IP 营销

团队的原创表情包 IP——"喵了个趣"形象软萌可爱,极富亲和力。推行表情包 IP 营销战略,增强账号的个性化特质和用户互动。这些表情包以其亲子主题和亲和力强的形象,快速与用户建立情感连接,尤其受到年轻父母和孩子的喜爱。团队巧妙地将表情包融入内容营销,无论是社交媒体帖子、视频内容还是直播互动环节,"喵了个趣"都成为亲子旅游体验的一部分。此外,还在特殊节日和活动中推出限量版表情包,以此吸引用户关注和参与,提高账号知名度和辨识度,扩大了品牌的市场影响力。这种创新的营销方式,不仅提升了用户体验,还有效促进了亲子文旅项目的宣传和销售,实现了品牌发展与用户获益的双赢。

第五节　效益预测

一、经济效益

本项目和团队致力于在各大社交平台上进行宣传,预计运营的成本较低。随着多方面的合作加深,收入也将逐渐增加。随着品牌影响力的扩大以及销售渠道的完善,公司销售收入、利润以及资产回报率逐年提升。

二、社会效益

亲子文旅作为家庭生活的延伸,有助于强化家庭作为社会基本单元的稳定性和和谐性。在参与亲子文旅的过程中,家庭成员之间的沟通和理解加深,使得家庭关系更加紧密,这对于维护社会稳定和谐至关重要。

　　2024年政府工作报告中提出培育壮大新型消费,实施数字消费、绿色消费、健康消费促进政策,积极培育智能家居、文娱旅游、体育赛事、国货"潮品"等新的消费增长点。文化产业和旅游业是国民经济的有机组成部分,也是现代服务业体系的重要支柱性产业,与国家宏观经济政策息息相关,在促进国民经济增长、提升消费能级、丰富人民群众精神文化生活等方面发挥着关键作用,为推动我国文旅游经济转型升级和可持续发展提供了有力支撑。亲子文旅市场的不断扩大和发展,将带动交通、餐饮、住宿等相关产业的发展,创造更多的就业机会,带来经济效益。同时,亲子文旅也有助于推动旅游目的地的资源开发和设施建设,促进地方经济的繁荣和发展。

　　团队认为,短视频与亲子文旅市场的结合,能够让后者迸发出全新的活力。依托抖音、快手、小红书等互联网新平台,以更加生动的形象、更加平易近人的方式,精准地将相关兴趣内容传递给感兴趣的个体。

第十五章　临安三万里——
汉服文化种草与传播创新引擎

项目来源：第六届"中国创翼"创业创新大赛绍兴市选拔赛暨第十五届绍兴市大学生创业创新大赛　优秀奖

团队成员：浙江树人学院　何佳敏　钱芳青　朱力宏　杨雯茸　张洋

第一节　项目概况

一、项目简介

随着汉服产业的蓬勃发展以及其在大众中的广泛普及和接受，对于专业的汉服知识、技能和文化传承的需求也日益增长。然而，当前的教育体系中缺乏与汉服或国风直接相关的专业课程，这成为了制约从业人员专业知识提升的瓶颈。为了弥补这一不足、满足市场需求，知识付费和输出成为了巨大的商机，也是进一步促进汉服产业繁荣和传统文化传承的重要途径。

"临安三万里——汉服文化种草和传播创新引擎"是专注于在小红书

平台推广汉服文化、提供系统性汉服知识付费服务的项目。该项目旨在解决当前汉服行业中缺乏系统性、学术性研究及教育支持的问题,同时满足广大汉服爱好者深入了解和学习汉服文化的需求。图 34 为该项目Logo。

图 34　项目 Logo

1.项目目的

(1)传承与弘扬汉服文化。提供高质量的汉服知识付费内容,让更多人了解、欣赏并热爱汉服文化,推动汉服文化的传承与发展。

(2)培养专业人才。借助专业的汉服知识付费服务,吸引和培养对汉服文化有浓厚兴趣的人才,为汉服行业的深入发展注入新活力。

(3)实现商业变现。通过小红书平台,将知识内容转化为商业价值,实现项目的盈利和可持续发展。

2.项目团队介绍

"临安三万里——汉服文化种草和传播创新引擎"由一群热爱汉服文化、具备丰富实战经验和多样化技能的年轻人组成。团队成员来自网络与新媒体、汉语言文学等专业,专业背景互补,能够为国风创业提供从内容到形式的全方位支持。他们具备丰富的实战经验,包括小红书账号运营、校内外媒体活动策划与执行、社交媒体内容创作等,这些经验为国风创业奠定了坚实的基础。

团队成员将携手浙江省创意设计协会国风研究与汉服设计专业委员会,共同推动汉服文化的传承与创新,实现知识价值的最大化。通过这一合作,项目将获得更多的传统文化资源和专家支持,打造更高质量的知识付费内容,满足更多用户的需求。图 35 为团队成员的拍摄场景。

图 35 团队成员的拍摄场景

(1)团队成员

何佳敏:项目负责人,小红书运营达人,精通内容策划与发布,负责项目的直接内容产出和核心内容创作工作。

张洋:具备丰富的团队管理和活动策划经验,擅长整合资源和推动项目发展。

钱芳青:全媒体中心副主任,擅长新闻播报和海报制作,负责项目的视觉创意呈现工作。

朱力宏:微博运营与活动宣传专家,负责项目的活动组织和知识付费内容的资料整合工作。

杨雯茸:拥有出色的文案撰写和宣传策划能力,负责项目的小红书内容运营和宣传策划工作。

(2)指导老师

指导老师叶菁,博士,副教授,浙江树人大学人文与外国语学院新传系主任。主要研究方向为文化传播与艺术传播,乡村振兴与媒体传播等。以第一作者在国内外期刊上发表学术论文 15 篇,出版专著 2 部,教材 1部,一级期刊论文 2 篇,有多篇论文被 EI 数据库和 ISTP 数据库收录。主持或参与省部级以上课题 3 项,市厅级课题 6 项等。曾指导学生在全国和浙江省乡村振兴大赛中获一等奖、二等奖、三等奖共 8 项,指导学生在浙江省新苗人才计划中立项共 2 项。

指导老师张禾丰,拥有服装设计与工业设计双学位。担任浙江省创意设计协会时尚分会副秘书长,曾就职于浙江省文联民间艺术家协会、在风雪户外担任品牌线产品总监、还是微店 App 汉服行业运营专家。曾参与编撰国家社科基金重点项目《中国民间工艺集成》(浙江卷)。深耕传统文化领域多年,具有多年汉服行业观察与实操经验。

指导老师赵芮,中共党员,新闻学硕士,助理研究员。主持并参与省级研究项目多项。主持并参与教育部协同育人项目、省级教学项目多项。拥有丰富的实践和教学经验,曾就职于《人民日报》(海外版),主要从事对外宣传报道工作,拥有丰富的实践报道经验,曾获浙江省对外传播金鸽奖。多年来,在《人民日报》(海外版)、《浙江日报》、《杭州日报》、《钱江晚报》、人民网、中国新闻网、浙江在线等国家及省市媒体发表新闻作品百余篇。指导学生多次获得国家级大学生创新创业训练项目立项,并在"互联网+"大学生创新创业竞赛、职业生涯规划大赛、乡村振兴大赛等竞赛中斩获多项荣誉。

（3）专家团队

陈琳，杭州市拱墅区大运河青年创新创业发展中心秘书长，浙江省创意设计协会创新创业工委会秘书长，杭州电子科技大学 MBA 校友会理事。浙江培训师协会底限经营课题组企业创新高级专家。

爪爪，前头部 MCN 百万博主的前内容策划。浙江省创意设计协会国风研究和汉服设计专委会副秘书长，拥有"6W＋"粉丝的汉服博主，知识星球 & 公众号"一片番薯地"的主理人，实体店店长。

李木子，澳大利亚新南威尔士大学法律职业博士。具有中国律师执业资格和澳大利亚律师资格，凭借其双重法域的学习背景和实务经验，能为国内外客户提供全方位的法律支持。李木子尤其专注国际贸易、公司商事、知识产权与跨境家事等领域及其争议解决。

二、项目来源

1. 汉服文化的历史底蕴与现代复兴

汉服文化源远流长，承载着中华民族几千年的历史底蕴。随着时代的更迭，传统服饰逐渐被遗忘。直到近年，随着国家对传统文化的重视以及年轻一代对传统文化的重新认识，汉服重新走进人们的视野，并逐渐成为一种时尚和文化的象征。本项目的实施和推广，将进一步推动汉服文化的传播和发展，增强人们的文化自信和民族自豪感。同时，为传统文化的传承和创新开拓新的思路和途径。

2. 市场需求与消费者认知的变化

随着社会的发展和人们审美观念的转变，汉服作为一种独特的文化符号，逐渐受到越来越多人的喜爱和追捧。特别是在年轻人群体中，汉服已经成为一种潮流和时尚的代表。他们不仅穿着汉服参与各种社交活动，还通过社交媒体平台分享自己的汉服穿搭和心得，进一步推动了汉服文化的传播和发展。

3.小红书平台的影响与机遇

小红书作为一个以年轻女性用户为主的社交平台，内容涵盖了时尚、美妆、生活等多个领域。在汉服文化逐渐兴起的背景下，小红书平台上与汉服相关的内容也逐渐增多，受到了用户广泛关注。这既为汉服文化的传播发展带来了新的机遇，也为汉服知识付费项目的发展创造了广阔的市场空间。

4.团队合作与资源整合

本项目的团队成员具有丰富的汉服文化知识和内容创作经验。前期在小红书平台上的成功运营，积累了丰富的粉丝资源和市场经验。同时，团队还与浙江省创意设计协会国风研究与汉服设计专业委员会等机构建立了合作关系，获得了丰富的传统文化资源和专家支持。这些为项目的顺利实施和长期发展提供了有力的保障。

三、创新点与项目特色

1.系统性内容整合

市场上的汉服知识资源零散、碎片化，本项目致力于构建一个完整的汉服知识体系，内容涵盖汉服的历史演变、设计原理、穿着技巧、搭配建议等，为用户提供一站式的学习体验。

2.互动式学习平台

本项目利用先进的技术手段，如 AI 推荐系统、VR/AR 技术等，为用户打造沉浸式和个性化的学习体验。用户可以依据自己的兴趣和需求，选择适合自己的学习路径和方式。

3.专家与社区结合

除了提供权威、专业的汉服知识，本项目还积极邀请汉服领域的专家学者和资深爱好者，为用户提供实时的咨询和指导。项目将携手浙江省创意设计协会国风研究与汉服设计专业委员会，共同推动传统文化的传承与创新，实现知识价值的最大化。同时，通过建立活跃的社区，鼓励用户之间的交流与分享，营造良好的学习氛围。

4.社区文化建设

本项目重视社区文化的建设，鼓励用户之间的交流与分享。通过举办线上或线下活动、设立用户勋章等方式，激发用户的参与热情，增强社区的凝聚力和归属感。

5.线上线下融合运营

线上，依托自建电商平台及主流社交媒体平台，开展全网营销与销售业务，为消费者提供便捷的购物体验；线下，设立实体体验店，举办汉服试穿、文化沙龙、手工工坊等活动，增强顾客沉浸式体验，培育社群文化，构建线上线下互动的销售模式。

6.精准营销与用户黏性

运用大数据分析，精准描绘用户画像，实施精细化营销策略，通过内容营销、与 KOL 合作、构建会员制度、开展积分兑换等方式，提升用户黏性与复购率。同时，积极参与、主办汉服文化节、汉服走秀、汉服摄影大赛等活动，扩大品牌影响力，深化与汉服爱好者社区的联系。

第二节 市场分析

汉服,中华文明的象征之一,拥有数千年的历史。它不仅是古代中国人的日常服饰,更承载着丰富的文化意义和审美价值。自汉朝起,汉服的风格和功能历经多次演变,反映了不同历史时期的社会风貌和审美观念。近年来,随着国家对传统文化的重视以及民众文化自信的提升,汉服迎来了现代复兴,逐渐从学术研究和历史重现的范畴走向大众文化舞台。特别是随着"国潮"文化的兴起,汉服不仅被视为一种时尚选择,更成为年轻一代表达个性和民族自豪感的途径。

从 2000 年初期,汉服爱好者数量和相关文化活动逐渐增多,经社交媒体的广泛推广,汉服逐渐形成了一个活跃的文化圈。这一文化圈不仅限于穿着传统服饰,更涵盖了对传统节日、礼仪习俗的复兴与推广。汉服的流行化表现在多个层面:设计师和品牌开始创新传统服饰的设计,使之适应现代生活的需求;大型文化活动和节日庆典越来越多地采用汉服作为表演服饰等。

一、当前市场状况

1.市场规模

汉服市场虽然起步相对较晚,但其增长速度却异常迅猛。据最新的市场分析报告显示,2023 年汉服市场规模已飙升至 144.7 亿元,这一数字无疑昭示着越来越多的消费者开始将汉服作为日常或特殊场合的着装选择。

作为汉服产业的一个重要分支,近年来随着汉服文化的蓬勃发展以及消费者对传统文化知识渴求的日益增强,汉服知识付费市场规模也在稳步扩大。由于越来越多用户愿意为高质量、专业的汉服知识买单,汉服知识付费市场的未来将持续保持强劲的增长势头。

2.消费者构成

汉服知识付费的消费者主要包括以下几类人群:一是对汉服文化有浓厚兴趣的爱好者,他们希望通过学习深入了解汉服的历史、设计、制作等方面的知识;二是从事汉服设计、制作、销售等相关行业的从业人员,他们需要不断提升自己的专业技能和知识水平;三是寻求个人形象提升和生活品质改善的女性用户,她们对汉服知识付费内容有较高需求。

3.购买动机

消费者购买汉服知识付费内容的动机多样,主要包括:满足对汉服文化的好奇心和学习欲望;提升自己在汉服设计、制作、搭配等方面的专业技能;追求个性化和高品质生活,通过学习汉服知识提升自己的生活品质;基于社交和娱乐需求,通过购买知识付费内容参与社群互动、分享心得等。

4.销售渠道

汉服知识付费内容的主要销售渠道包括线上平台,如小红书、微信公众号、知识付费平台等。这些平台不仅提供了便捷的购买和支付方式,还能够利用智能推荐算法将内容精准推送给目标用户。此外,线下活动、实体书店等也是潜在的销售渠道。

5.市场趋势

近年来,在国家对传统文化的大支持和青年文化的蓬勃兴起背景下,汉服市场迎来了多元化的繁荣时期。汉服样式不再局限于传统设计,而是巧妙融入现代时尚元素,展现出丰富多样的风貌。同时,众多设计师和品牌纷纷涌入汉服市场,为行业注入了源源不断的创新力,加剧了市场竞争。

展望未来,汉服知识付费市场将呈现以下显著趋势:首先,内容更趋专业化、精细化,以满足用户对高质量、专业知识日益增长的需求;其次,个性化、定制化服务将逐渐增多,根据用户的独特需求和兴趣提供量身定制的知识付费内容;再次,线上线下融合趋势日益明显,线上平台为用户提供便捷的购买和支付体验,线下活动则带来沉浸式的学习体验;最后,国际化、全球化趋势也将加速推进。随着海外市场的不断拓展和国际化合作的深化,汉服知识付费内容将逐渐走向世界舞台。

二、行业竞争对手

汉服知识付费行业的竞争对手,主要包括其他知识付费平台上的相关课程和内容、线下培训机构开设的专业课程以及部分个人或小型团队制作的独立知识产品等。这些竞争对手在内容质量、师资力量、价格定位等层面各有优劣,我们必须不断提升自身的核心竞争力以应对激烈的市场竞争。

三、市场潜力分析

从当前的市场趋势和消费者需求来看,汉服市场呈现出巨大的增长潜力。随着"国潮"文化的流行和公众对传统文化关注度的不断攀升,汉服市场有望持续快速增长。权威机构的统计数据显示,2023年汉服市场规模已达144.7亿元,预计至2027年将增长至241.8亿元,这一趋势反映了汉服作为一种文化符号和时尚选择被人们广泛认可。

汉服市场的增长动力主要源于以下几个方面。

高端市场的拓展:传统汉服爱好者对于高品质、蕴含深厚文化价值的汉服产品始终保有强烈追求,这一需求推动汉服市场向高端化和精品化方向发展。

年轻消费群体的涌入:随着越来越多年轻消费者对汉服时尚感以及能彰显个性化表达的特性兴趣浓厚,促进汉服市场正逐渐年轻化和时尚化。

跨界合作的深化:汉服品牌通过与博物馆、游戏、影视剧、漫画等各类跨界IP展开合作,成功打破了传统消费圈层的限制,吸引了更多潜在消费者的注意力,并激发他们的购买意愿。

与此同时,汉服知识付费市场也展现出巨大的潜力。随着汉服文化的普及和消费者对传统文化知识需求的增长,该市场需求持续攀升。同时,随着知识付费市场的成熟和消费者付费意愿的提高,知识付费模式正成为一种发展趋势。此外,社交电商的深度融合和智能推荐机制的广泛应用,将进一步提升汉服知识付费内容的曝光率和转化率。

基于汉服市场和汉服知识付费市场的发展趋势,本项目旨在通过提供高质量、专业化的汉服知识付费内容,以满足消费者日益增长的需求,推动汉服文化的传承与发展。项目将深入挖掘汉服文化的丰富内涵、融入创新设计元素,并结合多元化的销售渠道,有望实现文化传承与商业发展的双赢局面。

四、政策与法规环境

政策与法规环境对汉服知识付费市场及整个汉服行业影响深远,主要体现在以下几个方面。

1.政府对文化产业的支持政策

近年来,国家推出了"文化产业振兴计划",其中明确提及支持包括传统服饰文化在内的各类文化产业项目。这为汉服知识付费市场创造了广阔的发展空间,也提供了资金扶持。

2.相关法规对知识产权的保护

相关法规对知识产权的保护至关重要。随着汉服市场的日益繁荣，知识产权保护的重要性显得尤为重要。新的《著作权法》加大了对知识产权的保护力度，特别是对传统文化领域的保护。这有效维护了市场秩序，保障了消费者权益，为汉服知识付费市场营造了健康的发展环境。

3.电商平台的监管政策

许多电商平台制定了严格的知识产权保护政策，要求商家在上架商品时必须提供相关版权证明或授权文件。对于汉服知识付费内容，电商平台严禁抄袭现象，以确保内容的合法性和专业性。同时，电商平台还建立了用户评价和投诉机制，及时处理存在侵权或质量问题的内容。这一举措不仅维护了消费者的权益，也提升了整个平台的知识产权保护水平。

第三节　运营与管理

一、项目运营

本项目在生产和运营上采取线上线下相结合的模式，以满足不同用户群体的需求。

1.线上内容生产

（1）知识付费内容生产

由专业团队撰写并录制汉服设计、制作、搭配、历史渊源等方面的专业知识内容，确保内容具备专业性和准确性。同时，运用图文、视频等多种形式呈现，提升内容的可读性和可看性。

（2）社交互动

在小红书、微信公众号等平台，建立社群互动机制，鼓励用户分享学习心得、穿搭技巧等，以此增强用户黏性和活跃度。

2. 线下活动规划

（1）汉服产业沙龙

定期开展汉服产业沙龙活动，邀请业内专家、设计师、商家等进行交流分享，以此促进产业内的交流与合作。

（2）汉服体验活动

组织汉服试穿、制作体验等活动，让用户亲身感受汉服的魅力和文化内涵。

（3）主题文化活动

结合传统节日、文化节庆等，参与或举办主题文化活动，如汉服文化节、汉服婚礼秀等，以此吸引更多用户参与和关注。

3. 材料、劳动力、设备需求

（1）材料需求

知识付费内容生产：需要购买或租赁专业的录制设备、拍摄器材等，以保障内容具备高质量和专业性。

线下活动组织：需要购买或租赁活动场地，以及音响设备、道具等，确保活动的顺利进行。

（2）劳动力需求

内容生产团队：包括文案撰写、视频录制、剪辑、设计等专业人员，确保内容的高质量生产。

运营团队：负责线上平台的账号管理、社群运营、活动策划等工作，确保项目的顺利运营。

客服团队:提供咨询、售后服务等,确保用户的满意度。

(3)设备需求

录制设备:高清摄像机、录音设备、照明设备等,用于录制高质量的视频内容。

剪辑设备:高性能电脑、专业剪辑软件等,用于视频内容的后期制作。

办公设备:办公桌椅、电脑、打印机等,用于日常办公和文件处理。

4.质量保证

(1)内容质量

确保所有知识付费内容的专业性和准确性,通过严格的内容审核和校对流程,避免错误信息和误导性表达。

(2)服务质量

提供优质的客服支持,及时响应并处理用户咨询和反馈,确保用户的满意度。

(3)活动质量

精心策划和组织线下活动,确保活动的顺利进行和为用户打造良好体验。

5.生产成本

(1)内容生产成本

包括录制设备、拍摄器材的购置或租赁费用,以及内容生产团队的薪酬和福利等。

(2)运营成本

包括线上平台的维护费用、广告推广费用,以及客服团队的薪酬和福利等。

(3)活动成本

包括活动场地租赁费用、音响设备租赁费用、道具购买费用等。

二、管理模式

1.组织结构

采用扁平化管理模式,减少管理层级,使得信息流通更为迅速,决策过程更加直接。创始人或高层管理者可以直接与基层员工沟通,如此可加快决策速度,增强团队凝聚力。主要设有下述几个部门。

剪辑组:负责视频的剪辑,配合其他部门开展宣发。

设计组:包括设计师团队,负责设计与配合其他部门开展宣发。

小红书组:负责小红书平台账号的运营管理。

公众号组:负责微信公众号的运营管理。

知识星球组:提供完善的数据资料库,支撑前端运作。

2.市场营销策略

(1)数字营销

社交媒体营销:在小红书上定期发布高质量的汉服知识内容,通过精准的用户定位和互动策略,吸引并留住目标用户群体。

短视频营销:在抖音、微信视频号等短视频平台发布汉服穿搭、文化解读等短视频内容,以直观、有趣的形式展示汉服文化的魅力,提升用户的参与度和品牌知名度。

搜索引擎优化(SEO):优化项目在搜索引擎中的排名,增加项目的曝光度和点击率。通过关键词研究、内容优化和网站结构调整等手段,确保项目在相关搜索结果中占据有利位置。

(2)KOL合作

寻找合作伙伴:与汉服文化领域的知名意见领袖(KOL)建立合作关系,邀请他们参与项目的内容创作、推广和分享。凭借KOL的影响力,扩大项目的受众范围,提升品牌影响力。

联合推广:与 KOL 共同策划推广活动,如文化沙龙、线下见面会等,借助 KOL 的号召力,吸引更多潜在用户关注和参与项目。

(3)线下活动

汉服试穿体验:在线下举办汉服试穿体验活动,让用户在亲身试穿过程中感受汉服的魅力和文化内涵。同时,提供个性化的穿搭建议和咨询服务,提高用户满意度和忠诚度。

文化讲座与工作坊:举办汉服文化讲座和工作坊,邀请专家学者和设计师分享汉服的历史、艺术价值和设计技巧。通过互动交流和实际操作,增强用户对汉服文化的认知和兴趣。

参与或主办汉服文化节:积极参与或主办各类汉服文化节、古风音乐会等活动,与其他汉服品牌和机构携手推动汉服文化的传播和发展。借助活动的曝光和影响力,提升项目的知名度和市场份额。团队参与了西塘汉服节和上海华服日,见图 36 和图 37。

图 36　西塘赏花季

图 37　上海华服日

第四节　投融资、风险预测与效益

一、投融资方案

1.方案计划

资金需求:本项目预计初期需投资 30 万元,包括课程开发、平台建设、市场推广等费用。

投资方:寻求具有丰富投资经验和行业资源的机构或个人投资者。

投资方式:建议采用股权融资模式,投资者以现金、实物等形式入股,进而共同分享项目收益。

2.资金使用计划

前期投入:10万元,用于课程开发、平台建设、市场推广等。

中期投入:20万元,用于扩大团队规模、优化课程内容、开展市场推广等。

后期盈利:根据用户增长态势和课程口碑,逐步实现盈利目标。

3.投资回报及退出机制

投资回报:投资者将按照股权比例分享收益,鉴于项目盈利情况和市场前景,预计投资回报率在50%以上。

退出机制:在项目运营一定时间后,投资者可根据市场情况和公司需求进行股权回购或转让,确保投资安全和资金流动性。

4.风险及应对措施

市场竞争:加强品牌建设,提升课程质量和用户体验,稳固竞争优势。

政策风险:关注政策动态,确保合规经营。

技术风险:持续投入研发,维持技术领先地位。

团队管理:加强团队建设,提升员工素质和凝聚力,确保项目高效运转。

5.合作方式

合资经营:双方共同出资,按出资比例分配股权,并共同参与项目管理。

委托经营:投资者将资金委托给专业管理团队经营,按约定比例分享收益。

合作细节:双方可根据实际情况,协商确定具体合作方式及相关细节。

6.项目前景展望

汉服文化知识付费项目具有广阔的市场前景和潜在的商业价值。随着人们对传统文化的认知不断提高,汉服文化将成为越来越多人的关注焦点。通过持续投入资源和优化运营策略,本项目有望在激烈的市场竞争中脱颖而出,为投资者带来可观的回报。

二、风险预测及应对措施

1. 市场风险

项目可能会受到市场波动、消费者兴趣转移等因素的影响。

应对措施:密切关注市场动态和消费者需求变化,并及时调整策略;加强品牌建设和市场推广,提升项目的知名度和竞争力;寻求与其他品牌或机构的合作机会,共同开拓市场。

2. 内容风险

账号需要保证内容的质量、更新频率并具备吸引力。

应对措施:组建专业的内容创作团队,确保内容质量和更新频率;加强与目标受众的互动交流,了解他们的需求和反馈,不断优化内容;尝试多样化的内容形式,增添产品的新鲜感和吸引力。

3. 技术风险

项目可能面临技术故障、平台政策调整等风险。

应对措施:及时关注社交媒体平台的政策变化,调整策略以适应新环境;寻求与技术服务提供商合作,提升项目的技术水平。

4. 财务风险

控制项目运营的资金投入(如爆款内容创作、广告投放、活动组织等各方面)。

应对措施:制订合理的预算和财务计划,确保资金充足;加强成本控制和财务管理,避免不必要的资金浪费;寻求外部资金支持或合作,降低财务风险。

5.合作风险

如果项目涉及与品牌商、电商平台等合作,可能存在合作方不履行合同、引发纠纷等风险。

应对措施:在选择合作方时,进行充分的调查和评估,确保合作方的信誉和实力;在合同签订时,明确双方的权利和义务,避免纠纷产生;建立合作监督机制,定期对合作进展进行评估和调整。

三、效益预测

1.销售收入预测

基于用户规模增长和内容质量与数量提升的发展愿景,项目预测未来三至五年的销售收入如下。

第一年:随着用户规模初步增长和高质量内容的发布,知识付费业务将占据主导地位,并带动广告收入和品牌合作收入的增长。假设付费用户占比达到10%,且每用户平均付费金额为20元,加上广告和品牌合作收入,预计销售收入可达到6万元。

第二年:随着用户规模进一步扩大,付费用户占比提升至20%,预计销售收入增长至10万元。同时,由于内容质量的提升和用户活跃度的增加,广告收入和品牌合作收入也将有所增加。

第三年:在保持用户规模的稳定增长、付费用户占比提升的情况下,预计销售收入达到15万元。此时,知识付费业务将成为稳定的收入来源,而广告和品牌合作收入也将持续增长。

第四年和第五年:随着用户规模持续扩大、内容质量不断提升,预计销售收入保持稳定增长率,到第五年可能达到 25 万元。

2.利润预测

预测利润时,需考虑项目运营中的各项成本,包括人员成本、业务费、仪器设备购置费、材料费等。

第一年:由于项目初期需投入较多的资金用于购买设备和材料,以及组建运营团队,预计利润较低。假设固定成本为 5 万元(基于预算经费和其他潜在投资),预计第一年利润为 1 万元。

第二年:随着用户规模扩大和收入增加,预计利润增长至 3 万元。此时,成本控制和运营效率的提升将有助于拓展利润空间。

第三年:随着用户规模的持续增长、收入的稳定增加,预计利润达到 6 万元。此时,项目将进入稳定盈利阶段。

第四年和第五年:随着利润的稳定增长、成本控制持续优化,预计利润保持稳定的增长趋势,到第五年可能达到 10 万元。

3.资产回报率预估

资产回报率(Return on Assets,ROA)是衡量企业利用资产产生利润能力的指标。

第一年:由于初期投资较大,利润较低,预计 ROA 较低,假设为 33.33%。

第二年:随着利润增长、投资减少,ROA 将提高至 66.67%。

第三年:随着利润稳定增长、投资进一步减少,ROA 将提升至 100%。

第四年和第五年:随着利润持续增长、成本控制持续优化,ROA 将保持稳定增长趋势,到第五年可能达到 166.67% 以上。

以上预估仅供参考,实际情况可能存在偏差,尤其对于新兴项目而言,收入和利润在很大程度上取决于运营能力和市场反应。